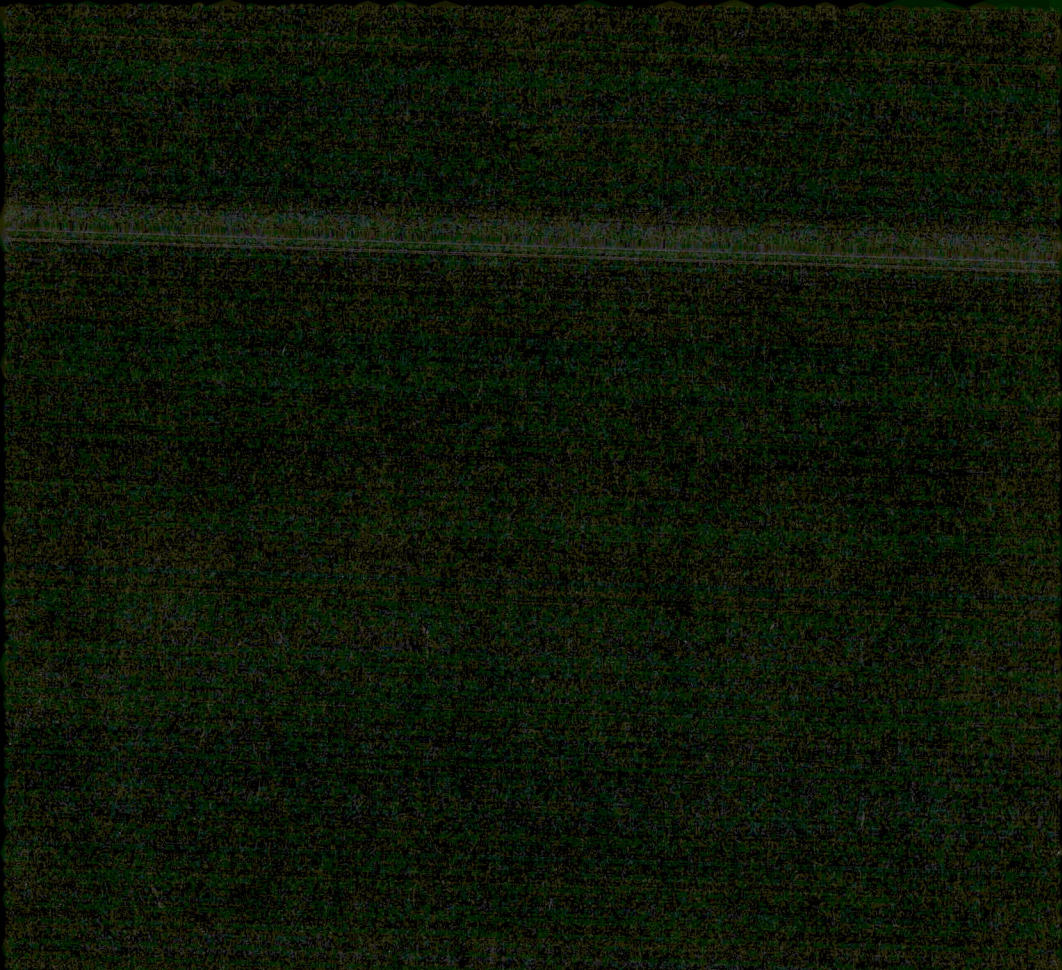

David Boxerman
Aron Spilken

ALPHA-WELLEN

David Boxerman
Aron Spilken

ALPHA – WELLEN

Die Technik der
Elektronischen Meditation

SPHINX VERLAG
BASEL

Aus dem Amerikanischen
von Thomas Meyer

1977
© 1977 SPHINX VERLAG BASEL
Alle deutschen Rechte vorbehalten
Titel der Originalausgabe: Alpha Brain Waves
© 1975 by Celestial Arts, California, USA
Umschlagbild: M.A. Majewski
Satz und Druck:
Basler Druck- und Verlagsanstalt, Basel
Einband: Buchbinderei Grollimund AG, Reinach
Printed in Switzerland
ISBN 3–85914–126–0

Inhalt

Folgenden Personen sei für ihre Mitarbeit gedankt: Mitchell Waite für die Zurverfügungstellung seiner ausgezeichneten Biofeedback-Monitor-Schaltdiagramme und seine ganze Hilfe in vielen technischen Detailfragen; Gary Mills, Ph.D., für technischen Beistand und seinen äusserst grosszügigen Zeit- und Energieaufwand; Stanley Koehler für seine geistige Führung am Anfang dieses Unternehmens sowie in der folgenden Zeit; Dennis Kaplan für seine unschätzbare technische Hilfe und Forschung.

Für
Yvonne und Aaron

1

Alpha
Die Welle der Zukunft?

Einführung

Der Puls des alten Mannes begann stetig zu fallen. In einem beängstigenden Mass! Das Blut verlangsamte seinen Lauf. Der Atem wurde derart flach und langsam, dass er ohne die Messinstrumente kaum mehr hätte festgestellt werden können. Sämtliche Anzeigegeräte deuteten auf einen bevorstehenden Tod. Niemand half ihm.

Tausende von Zuschauern betrachteten das gelassene, gealterte Gesicht und fragten sich, ob der Mann sterben würde. Die meisten von ihnen müssen sich auch gefragt haben, ob nicht irgendein Trick im Spiel sei. Nicht nur, dass die Lebensfunktionen des runzligen Orientalen auf eine Stufe herabgesunken waren, die, wie man glaubt, kein Leben mehr erhalten kann: er war ausserdem in einer luftdichten Kammer eingeschlossen, deren Sauerstoff kaum für zehn Minuten ausreichte. Und er befand sich nun bereits über zwanzig Minuten da drinnen. Hätte ein Messgerät seine elektrische Hirntätigkeit registriert, so wäre eine gleichmässige Folge von ruhigen, langsamen, rhythmischen Wellen erschienen: *Alpha*.

Plötzlich hob der Mann einen Finger, zum Zeichen, dass der Trancezustand vorüber sei. Bald stellten sich wieder die gewöhnlichen physiologischen Messdaten ein. Techniker stürmten zur hermetisch verschlossenen Kammer, um die Verschlussklammern zu entfernen. Denn es war nicht zu erwarten, dass der alte Mann in der verbrauchten Luft länger als ein paar Sekunden bei Bewusstsein bleiben konnte, sobald einmal die physiologischen Funktionen wieder zu ihrem normalen Tempo zurückgekehrt waren. Der Alpha-Rhythmus würde nun rasch aus dem Gehirn verschwinden, um den schnelleren, gezackten und unregelmässigen Wellenbildern des normalen Wachzustandes Platz zu machen. Plötzlich öffnete sich die Tür und der Alte schöpfte tief Atem, während die frische Luft hereinströmte – immer noch gelassen und anscheinend keineswegs beunruhigt von seinem freiwilligen ‹Ausflug› ins Jenseits. Die Ärzte lächelten einander erleichtert zu und gratulierten sich zum gelungenen Experiment und den faszinierenden Aussichten, die es bot. Zu Hause vor den Fernsehschirmen fragten sich Tausende von Zuschauern: Um was ging es da eigentlich? War es einfach, wonach es aussah? Hatte das irgendwas mit mir zu tun?

9

Der Mann, den die Zuschauer auf dem Bildschirm gesehen hatten, war ein buddhistischer Mönch, der im Zustand der meditativen Trance soeben demonstriert hatte, dass er so geheimnisvolle Körperprozesse wie den Puls, den Blutdruck, die Geschwindigkeit des gesamten Stoffwechsels zu beherrschen vermochte. Da er die Geschwindigkeit, mit der sein Körper Energie verbrauchte, verringern konnte, war er imstande zu überleben; bei vollem Bewusstsein und ohne jegliche Schäden, und dies mit bloss der Hälfte der normalen Sauerstoffmenge. Diese Fähigkeit war nicht als ein Trick für die ‹Inspiration› von Ungläubigen entwickelt worden; sie war vielmehr ein Nebenprodukt von Meditationspraktiken. Die Praktiken sollen denjenigen, die sie meistern, eine ungeheure Kontrolle über Geist und Körper verleihen, sie stärken und ihnen zur Überwindung der täglichen Schwierigkeiten frische geistige Kräfte zuführen sowie für äusserst schwierige Probleme schöpferische Lösungen ermöglichen.

Einer der Schlüssel in diesem ganzen Prozess mag die Produktion von Alpha-Wellen im Gehirn sein. Dass dieses geheimnisvolle und wenig verstandene Wissen, das in vielen Teilen der Welt während Tausenden von Jahren im Gebrauch war, in den vergangenen Jahren von westlichen Wissenschaftlern als eine Tatsache und nicht mehr bloss als Mythos anerkannt wurde, hat unter anderem zur Ankurbelung einer völlig neuen Industrie geführt. Die traditionellen Ansichten über das Funktionieren des Körpers sowie die Eindämmung von Krankheiten haben sich radikal geändert; neue Ansätze des Lernens, der Problemlösung und der Kreativität sind aufgetaucht, und sie mögen die philosophische Grundlage unserer Kultur auf eine dauernde Weise verändern. Oder auch nicht. Das wird alles vom Ausgang der Experimente abhängen, die gegenwärtig in Hunderten von Laboratorien durchgeführt werden.

Unwahrscheinlich? Ein neues wissenschaftliches Kuriosum, zum Vergnügen der Forscher in den Universitäts-Elfenbeintürmen, und doch nicht etwas, was den ‹Mann auf der Strasse› direkt berührt? In einem vor kurzer Zeit erschienenen Artikel bemerkte das *Time*-Magazin: «Forschungsspezialisten des Verteidigungsministeriums sollen mit der Idee beschäftigt sein, dass gefangengenommene amerikanische Geheimdienstagenten, die gelernt hätten, sich in einen Alpha-Zustand zu versetzen, die feindlichen Lügendetektoren täuschen und Militärgeheimnisse behalten könnten. Grössere Industrieunternehmen sind daran, das Biofeedback-Training zu erforschen, um zu schöpferischem Denken anzuregen und ‹Führungs-Spannung› abzubauen.» In typisch amerikanischer Manier wird jede marktfähige oder praktische Anwendungsmöglichkeit dieser neuen technischen Geräte erforscht und verwertet werden, zum Teil in Spielarten, die von der ursprünglichen Verwendungsart der Zen-Meister offensichtlich sehr weit entfernt sein werden.

Was sind Alpha-Wellen? Was sind Gehirn-Wellen überaupt, und was haben ihre rätselhaften, griechischen Namen zu bedeuten? Woher kommen sie und was sind sie zu leisten imstande? Worum handelt es sich bei diesen neuen Geräten, mit denen man sich dazu trainieren können soll, «bis zu fünfzehn Jahre Zen-Meditation fernrohrartig in ein paar leichte Stunden hineinzuschieben»? Wer sind diese 150 Menschen, von denen ein jeder 150 Dollar (eine Gesamtsumme von 22 500 Dollar) bezahlte, um in vier Tagen zu lernen, wie man ohne Geräte Alpha produziert? Sie wollten lernen, Alpha zur Lösung täglicher Probleme, zur Herstellung von Vertrauen und zur Entwicklung von heilsamer aussersinnlicher Wahrnehmung – ASW – zu verwenden. In vielen grösseren Städten werden regelmässig solche Kurse durchgeführt, gewöhnlich mit einer Warteliste, die voll ist von Menschen, die sich darum reissen, hineinzukommen.

Welche Auswirkungen hat dieses neue und geheimnisvolle Gebiet auf die Grossunternehmen? Kann man mit der Sache Geld machen, und wenn ja, wer und wieviel? Laut eines Berichts des *Wall Street Journal* sind die Xerox- und die Martin Marietta-Corporation bereits mit eigenen Experimenten beschäftigt, um sich einen Platz an der Sonne zu sichern. Jedoch gehen zur Zeit beide einer detaillierten Auskunft über den Gang ihrer Forschungen auf eine geheimnisvolle Weise aus dem Weg. Derselbe Artikel sagt, dass die Zahl der auf diesem Gebiet tätigen wissenschaftlichen Forscher in den letzten drei Jahren von einer Handvoll auf über 150 Forscher hochgeschnellt ist und dass bereits mindestens ein halbes Dutzend Privatunternehmen existieren, die der breiten Öffentlichkeit geschäftsmässig Geräte verkaufen. «Falsche Hoffnungen», so fährt der Artikel fort, «scheint einer der wenigen Risiken des Biofeedback-Trainings zu sein.» «Viele Leute kaufen solche Geräte – meistens handelt es sich um die billigeren Alpha-Trainer – im Glauben, sie würden über Nacht zu Super-

Arbeitern», sagt ein Psychiater. «Aber das einzig wirklich Gefährliche dabei ist, dass, wenn die Sache einreisst, eine ganze Anzahl von gutgläubigen Leuten geschröpft wird.» Diese Sorge wird von vielen Forschern geteilt, die auf diesem Gebiet verantwortungsbewusst tätig sind. «Vorsichtige Wissenschaftler sind erschreckt über die Tendenz, den auf diesem Gebiet erzielten Fortschritt zu übertreiben. Sie haben es bereits mit Betrügern, Scharlatanen und Quacksalbern zu tun, die den Leuten das Geld aus der Tasche ziehen, indem sie sich den aus der Biofeedback-Forschung und aus ähnlichen Untersuchungen über die mentale Kontrolle interner Organe stammenden Jargon mundgerecht machen», wie *Saturday Review* berichtet.

Aber ist für ein paar hundert Dollar geschröpft zu werden die einzige Gefahr für das breite Publikum? Als man an der Rockefeller-Universität bei Biofeedback-Experimenten (Pioneer-Experimente, welche bahnbrechend waren für die Verwendung menschlicher Versuchsobjekte mit Herzstörungen) Ratten verwendete, lernten diese ihren Puls so gut zu verlangsamen, dass sie starben! Könnte das Herumhantieren am natürlichen Zustand der Gehirn-Wellen gefährliche Folgen zeitigen?

Die Berichte darüber, wie sich ein Alpha-Zustand bemerkbar macht, sind äusserst verschieden ausgefallen, und einige davon haben eine Menge Enthusiasmus oder Besorgnis geweckt, je nach Standpunkt. Auf der einen Seite gab es die Behauptung, bestimmte Personen würden, wenn sie zum ersten Mal ihre Gehirn-Wellen kontrollieren können, «dramatische Reaktionen» zeigen. *Glamour* berichtet: «Sie treten aus dem kleinen Raum heraus ... mit einem positiven Strahlen und berichten, dass sie sich innerlich ruhig, offen und frei fühlen.» «Verschiedene Menschen fühlen verschiedene Dinge», meint ein anderer Forscher. Einige verspüren ein ‹High› wie bei einem Marijhuana-Erlebnis, während sich bei anderen einfach alles verlangsamt. Andererseits behauptet Dr. Josph Kamiya vom Neuropsychiatrischen Institut Langley Porter in San Francisco, dass beim Alpha-Zustand keinerlei psychedelischen Obertöne im Spiel seien. Doch weshalb ist dann darauf hingewiesen worden, dass dem Alpha-Training eine Heilkraft gegen Drogensüchtigkeit innewohne? Sollte man nun etwa einen sicheren, legalen und suchtfreien Weg haben, der zum euphorischen veränderten Bewusstseinzustand führt, der gewöhnlich ‹High› genannt wird?

Der Befund, dass gewisse Menschengruppen Alpha leichter produzieren als andere, hat zu interessanten Mutmassungen geführt. Nicht nur Zen-Meister, auch Athleten, Musiker sowie sensible und introvertierte Menschen haben im allgemeinen einen leichteren Zugang zu Alpha als der Rest der Bevölkerung. Hängt das irgendwie mit einer aussergewöhnlichen Fähigkeiten dieser Menschen zusammen? Die Fähigkeit, in kritischen Augenblicken das entspannte Bewusstsein des Alpha-Zustandes hervorzurufen, anstatt sich vor lauter Spannung zu verkrampfen, mag eine der Gaben sein, die den wirklichen Könner irgendeines Gebietes auszeichnet.

Vielleicht liegt die grösste potentielle Bedeutung der gegenwärtigen Alpha-Forschung (und des umfassenderen Gebiets des Biofeedback-Trainings) in ihrem Bezug auf das Heilen. Man hat in diesem Zusammenhang vom vielversprechendsten Schritt gesprochen, der auf psychologischem Gebiet je unternommen worden sei. Zuverlässige Forscher halten es für wahrscheinlich – wenn auch zugegebenermassen in Momenten des Überschwangs und der Spekulation – dass die gegenwärtige Forschung auf diesem Gebiet zu einer besseren Behandlung führen werde bei: Asthma, Schlaganfall, Krebs, multipler Sklerosis, Gehirnlähmung, Migräne, durch Muskelspannung verursachtem Kopfweh, bei Geschwüren, Warzen, zu hohem Blutdruck, zahlreichen Herzproblemen, kindlichem Stottern und Überaktivität, bei Korpulenz, Alkoholismus, Drogenabhängigkeit, Schlaflosigkeit, Verstopfung, Kriminalität und nicht zuletzt bei Angstzuständen, Depressionen und sexuellen Problemen. Unwahrscheinlich? Es ist schwierig, bei einer Liste, die wie Reklame für Schlangen-Öl aussieht, nicht skeptisch zu werden. Doch viele der oben genannten Punkte werden zur Zeit von angesehenen Wissenschaftlern geprüft, und viele von ihnen haben bereits ermutigende und verblüffende Resultate erzielt.

Abgesehen von den knallharten Fakten von Wissenschaft und Business weist das Phänomen Alpha noch einen anderen faszinierenden Aspekt auf, der Teil eines grösseren Ganzen ist. Wenn die Chancen, sich neue und besondere Macht anzueignen, die Gelegenheit, auf einem neuen Gebiet die Führung zu übernehmen, und die Möglichkeit, eine Menge Geld zu verdienen, sich alle in einem einzigen Punkt treffen, dann sammelt sich eine bunte und recht interessante Gruppe von Menschen an, die sich alle den Weg ins Zentrum der Macht bahnen oder schlagen wollen. Einige von ihnen mögen altruistisch sein, andere egoistisch und wieder andere sind vielleicht einfach auf die erhoffte Befreiung von akuten Schmerzen aus. Zusammen jedoch bilden sie ein Muster, das studierenswert ist. Die Persönlichkeiten der einzelnen Wissenschaftler, Verkäufer, Erfinder, Spiritualisten, Konvertiten und Skeptiker verschmelzen alle miteinander, um ein ganz besonderes Klima mit einzigartigem Anstrich und Tonfall zu schaffen. Es lohnt sich, diese Menschen zu studieren, schon nur der Einsichten in die menschliche Natur wegen, die uns dadurch vermittelt werden.

Betrachten wir die Sache einen Moment lang von einem abstrakten Gesichtspunkt aus. Dem Kollektiv-Bewusstsein des Menschen ist eine neue Möglichkeit aufgegangen; es ist das Versprechen, wie nie zuvor in seiner Natur liegende Kräfte kontrollieren zu lernen und neue Potentiale erschliessen zu können. Nennen wir es Alpha. Es ist im wesentlichen eine messianische Vision. Sie verspricht dem eigenen Leben Führung, verspricht die Förderung von Frieden, Liebe und Weisheit. Mehr noch, sie lässt sich verkaufen und stellt dem schnellen und klugen Kopf Reichtum in Aussicht. Die Vision weist sämtliche Aspekte der für Amerika so typischen Religion auf, denn sie tritt wie ein Steckenpferd in Erscheinung und ist im Gegensatz zu den traditionellen Religionsformen erst in jüngster Zeit entstanden. Diesmal geht's vielleicht wirklich los, vor unser aller Augen.

Wir haben die strahlenden Gesicher der neuen Apostel, die salbungsvolle Väterlichkeit der Vertreter an den Verkaufsständen und den Fieberwahn des Wissenschaftlers beobachtet, der um jeden Preis vor seinen Kollegen veröffentlichen will. Ein stiller Wissenschaftler wurde durch die ihm unliebsame Berühmtheit in die Abgeschiedenheit gedrängt. Und ein anderer tut die Alpha-Raserei mit gutmütigem Humor ab. Unternehmen stecken gegenseitig bittere Rechtsklagen auf Ideendiebstahl ein, während sie ihren Kunden Frieden und Liebe verkaufen. Die Aussicht auf erhöhte menschliche Weisheit treibt in anderen Ländern sowie in unserem eigenen Verteidigungsministerium geheime Forschungen voran, die sich gegenseitig alle beeinflussen. Eines Tages mag sich ihr Einfluss auch auf uns erstrecken.

2
Was ist Alpha
Die wesentlichen Tatsachen

Alpha-Wellen sind Rhythmen elektrischer Aktivität, die vom Gehirn hervorgebracht werden. In den vergangenen Jahren haben Wissenschaftler überraschenderweise festgestellt, dass diese und viele andere natürliche Prozesse, von denen angenommen wurde, dass sie unwillkürlich verliefen, unter geeigneten Bedingungen von menschlichen wie tierischen Versuchsobjekten tatsächlich kontrolliert werden können. Dies ist seit Tausenden von Jahren, ohne dass irgend jemand eine Ahnung davon hatte, von denjenigen praktiziert worden, die Übung im Meditieren besassen. Viele Menschen, die lernen, grosse Mengen Alpha-Wellen zu produzieren, erleben nach eigener Aussage eine angenehme Euphorie oder einen ‹High›-Zustand. In jüngster Zeit sind auch bezüglich der Wirkung einer Kontrolle der Gehirnwellen verschiedene Aussagen gemacht worden. In kurzer Zeit haben sich interessante wissenschaftliche Ergebnisse angehäuft. Um sie verstehen zu können, muss man ein wenig über die Art Bescheid wissen, wie das Gehirn funktioniert und wie es von der Wissenschaft untersucht wird.

Das Gehirn ist der Mittelpunkt des Nervensystems, d.h. eines Kommunikationsnetzes, das auf eine ähnliche Weise funktioniert wie das Telephonnetz einer Stadt. Damit der Körper seine Arbeit verrichten kann, müssen vom einen Punkt zum andern Botschaften befördert werden. Der Vergleich ist ziemlich einfach, doch die Realität ist fürchterlich kompliziert. Jeder menschliche Körper enthält zwischen 10 und 12 Billionen Nervenzellen. Sie senden gleichzeitig Tausende von Botschaften zum Gehirn, genau in diesem Augenblick. Man kann sich gleichzeitig nur auf einige wenige davon konzentrieren: das Gefühl dieses Buches in der Hand, das Muster der Buchstaben auf der Druckseite. Doch viel mehr spielt sich ab, automatisch, ohne dass eine bewusste Anstrengung nötig wäre, und mit einem erstaunlichen Grad an Exaktheit. Wenn das Nervensystem nicht auf eine wirksamere Weise als das Telephonnetz funktionieren würde, so wäre man einfach ernsthaft krank.

Betrachten Sie die vor Ihnen liegende Buchseite. Ihr Gehirn zerlegt Hell- und Dunkel-Muster auf einem Stück Papier in Buchstaben, Wörter und schliesslich in Bedeutungen. Es werden auch von der Gedächtnis-Bank verwandte Bedeutungen herbeigezogen, eine notwendige Hilfe zur Bildung der Gedanken über das Gelesene. Und all das ist nur eine geringer Teil von dem, was in diesem Moment geschieht. In den Randzonen des Bewusstseins sucht man beständig die Umgebung nach weiteren wichtigen Ereignissen ab, die das Lesen unterbrechen könnten: Bin ich an einem sicheren Ort? Sitze ich bequem?

Aber damit ist die Arbeit des Gehirns noch lange nicht erschöpft. Denn wenn Sie imstande waren, bis hierher zu lesen, dann funktioniert Ihr ganzer Körper mit seinen Trillionen von Nervenzellen und seinen vielen Organsystemen reibungslos genug, dass Sie sich erlauben können, etwas – vom Standpunkt des biologischen Überlebens aus betrachtet – so Unwichtiges zu tun wie über Ihr eigenes Gehirn zu lesen. Denn wieviel Sie auch über Ihr eigenes Gehirn lesen mögen, Sie werden kaum je imstande sein, es zu berühren, es zu reparieren, falls es Schaden erleidet, und weder Sie selbst noch irgend jemand sonst wird es während seines Lebens vermutlich je verstehen. Somit heisst die erste Lektion über das Gehirn: Ignoranz. Es selbst weiss ganz gut, was es tut. Wir nicht.

Einiges wissen wir trotzdem. Wir wissen, dass das Nervensystem wie eine Batterie schwachen, elektrischen Strom erzeugt. Die Nervenzellen übermitteln, genau wie Telephonlinien, elektrische Impulse, die es den Botschaften irgendwie ermöglichen, weitergeleitet zu werden. Bereits im Jahre 1791 entdeckte Galvani, dass er die Kontraktion der Beinmuskeln eines Froschs herbeiführen konnte, wenn er schwachen elektrischen Strom verwendete. Aber erst hundert Jahre später wurde elektrische Spannung im Gehirn nachgewiesen. Einer der Hauptgründe dieses schleichenden Fortschritts war technologischer Natur. Jahrelang fehlte es an Instrumenten, die präzis genug sind, um die subtilen elektrischen Veränderungen messen zu können, die sich in unserem Körper abspielen. Während die Erforschung anderer Organe mit mechanischer Funktion, wie Herz und Lunge, steten Fortschritt machte, blieb unser «elektrisches System» ein Geheimnis.

Der Elektroenzephalograph

Im 20. Jahrhundert wurden die Erforschung der Nervenfunktionen sowie die meisten übrigen Wissenschaftszweige durch den unge-

18

heuren Schwung, der von der technologischen Explosion ausging, beschleunigt. Eine der Neuerungen, die zu diesem Fortschritt beitrugen, war der Elektroenzephalograph. Der lange und schwerfällige Name bezeichnet eine komplizierte und teure Maschine, doch er bedeutet einfach, dass das Gerät eine schriftliche, graphische Aufzeichung der elektrischen Nerventätigkeit liefert. Die Abkürzung dafür lautet: EEG. Der EEG kommt in unserem Zusammenhang vor allem in Betracht, weil er das Hauptinstrument zum Studium der Gehirnwellen ist.

Niminski hat im Jahre 1924, dadurch, dass er die Elektroden direkt an der Gehirnoberfläche ansetzte, Aufzeichnungen von elektrischen Gehirnwellen erhalten, die 10 bis 15 Zyklen pro Sekunde (zps) aufwiesen. Niminskis Methode war jedoch offensichtlich nicht für den Hausgebrauch oder für ein regelmässiges Alpha-Training geeignet. Etwas später entdeckte Hans Berger, ein deutscher Wissenschaftler, der als der Vater des EEG gilt, dass elektrische Hirnwellen direkt von der Kopfhaut abgenommen werden können, so dass die Schädeldecke nicht mehr geöffnet zu werden brauchte. Das war schon etwas praktischer, aber nicht viel. Das in Kliniken verwendete Modell des EEG-Geräts kostet noch immer um die 6500 Dollar. Die Kosten kommen einem Verbot gleich, und sowohl für den Betrieb wie für die Auswertung werden die Dienste eines speziell geschulten Technikers benötigt. Erst mit der Entwicklung des Alpha-Training-Gerätes in den vergangenen Jahren ist die Erforschung von Gehirn-Strömen eine auch dem Durchschnittsmenschen zugängliche Sache geworden.

Die Alpha-Geräte, die heute auf dem Markt sind, kosten um die 200 Dollar und sind zum Gebrauch für den Laien bestimmt. Es handelt sich um vereinfachte und spezialisierte Versionen des EEG. Ein umfassenderes Verständnis dieses Apparates dürfte im Umgang mit den Problemen, die sich bei der privaten Alpha-Aufzeichnung ergeben, zu einer grösseren Beweglichkeit führen.

Der EEG dient gewöhnlich der Erforschung der Hirnfunktionen (Forschung) und der Messung von Abnormitäten im Verhalten des Gehirns, welche auf den Grad einer Verletzung oder die Anwesenheit einer Krankheit hinweisen können (Diagnose). Wenn eine Abnormität vorhanden ist, so kann sie der EEG manchmal ‹lokalisieren› helfen oder sogar die genaue Stelle ausfindig machen, ohne dass chirurgische Eingriffe nötig wären, wodurch dem Patienten viele zusätzliche Schmerzen erspart werden. Seinen Vorteilen wie seinen Nachteilen liegt dieselbe Tatsache zugrunde: das EEG-Gerät arbeitet von der Aussenseite des Schädels her. Weil es durch Schichten von Blutgefässen, von Flüssigkeit, von Haut und Knochen hindurch arbeitet, erlangt es seine wesentlichen Informationen, ohne das Gehirn frei legen zu müssen, allerdings auf Kosten einer gewissen Menge von Kraft und Genauigkeit. Dadurch gehen etwa zwei Drittel der Spannung verloren. Das Alpha-Gerät hat genau dieselben Vorteile und hat mit genau denselben Schwierigkeiten zu kämpfen.

Der aus dem Gehirn kommende elektrische Strom ist äusserst schwach. Er wird in Millionstel-Volt gemessen. Nur diejenigen Ströme, die aus der Gehirnoberfläche, aus dem Kortex kommen, können registriert werden. Krankheiten des darunterliegenden Gehirngewebes bleiben dem EEG oft verborgen. Das gilt auch für gesunde Prozesse, die von Interesse wären. Das Alpha-Gerät wird vor allem die Oberfläche ‹lesen›. Der grösste Teil der sich tief im Gehirninnern abspielenden Aktivitäten wird unentdeckt bleiben.

Um ein EEG-Bild zu erhalten, befestigt der Techniker feinempfindliche Elektrodendrähte an der Kopfhaut. Um deren Empfindkeit zu erhöhen, werden an den Enden gewöhnlich kleine Gold- oder Silberlamellen befestigt, die mit Elektrodensalbe befestigt werden. Die Elektroden können aber auch in winzige Nadeln auslaufen, die in die Kopfhaut gesteckt werden. Der Vorgang ist nicht so schmerzhaft, wie es vielleicht aussehen mag, doch kann er Unbehagen hervorrufen. Die Elektrodensalbe, die zugleich auch ein guter elektrischer Leiter ist, sorgt dafür, dass die Elektroden gut haften, und gewährleistet einen guten Kontakt mit der Kopfhaut. Die Versuchsperson befindet sich entweder in liegender Stellung oder in einem bequemen Sessel, wobei sie so bewegungslos wie möglich zu bleiben versucht. Dies ist äusserst wichtig, da Muskelbewegungen ebenfalls elektrische Spannung abgeben. Die Muskel-Signale sind ausserdem viel stärker als die Gehirn-Wellen, da sie aus der unmittelbar unter der Hautoberfläche liegenden Region stammen und keine Knochenschicht durchqueren müssen. Sie können die vom EEG gemessenen Gehirnströme ‹übertönen› und verhüllen, und deshalb versucht man, sie herauszufiltern.

Bei einem EEG ist zwecks einer genauen Untersuchung eine

permanente Aufzeichnung erforderlich. Zu diesem Zweck lässt man ein Papierband durch eine Maschine laufen, und nicht weniger als zwölf Nadeln registrieren die elektrischen Signale, die aus den um den Kopf herum befestigten Elektrodenpaaren kommen. Die Nadeln schwingen hin und her, während sich das Band fortbewegt. Jeder volle Nadelausschlag (hin und zurück) stellt einen Zyklus dar. Das Papierband bewegt sich mit konstanter Geschwindigkeit und trägt die Markierungen bestimmter Zeiteinheiten, z.B. Sekunden-Markierungen. Der EEG-Spezialist studiert Wellencharakteristika, wie die Zyklen pro Sekunde (zps), die Wellenhöhe (Amplitude), welche die relative Stärke oder Voltspannung jeder Welle angibt, sowie die Form der Wellen und die graphischen Strukturen, die von verschiedenen Wellenarten gebildet werden. Daraus kann er Vermutungen ableiten über Krankheiten wie Epilepsie, Hirntumor, Schäden infolge einer Kopfverletzung oder eines Schlaganfalls sowie Enzephalitis (Gehirnentzündung).

Das Alpha-Gerät ist gewöhnlich an keine derartige Aufzeichnungs-Apparatur angeschlossen und zeigt deshalb vor allem die Gegenwart und relative Stärke einer Welle an, ohne spezifische Charakteristika anzugeben. Dies ist aber auch alles, was für die meisten Arten von Alpha-Training nötig ist.

Die Gehirn-Wellen

Gehirn-Wellen werden aufgrund ihrer Frequenzen oder Zyklen pro Sekunde gemessen. Diese stellen ein kontinuierliches Spektrum dar, angefangen bei Null zps (Tod) bis zu 60 oder 70 zps (gewisse Arten von Drogen-Koma). Man hat sie jedoch in verschiedene Frequenz-Gruppen aufgeteilt, sowohl der bequemeren Bezeichnung halber als auch weil es scheint, dass verschiedene Punkte innerhalb des Kontinuums Spannungshöhepunkte darstellen. Die letztere Tatsache weist auf ein weiteres Phänomen hin: man hat die Vermutung geäussert, dass jede Klasse von Gehirnwellen mit einem von den andern deutlich unterscheidbaren Bewusstseinszustand oder einer bestimmten Art des geistigen Funktionierens zusammenhängt. Falls dies der Wahrheit entspricht, ist es vorstellbar, dass eine Schulung mit Geräten wie den gegenwärtigen Alpha-Apparaten es ermöglichen wird, einen gewünschten Bewusstseinszustand durch Übung willkürlich hervorzurufen.

Die Alpha-Wellen sind nicht nur zuerst nachgewiesen worden, sie sind auch eines der wichtigsten Gehirn-Wellen-Phänomene überhaupt. Gewöhnlich weisen sie, verglichen mit den übrigen Gehirnwellen, die höchste Voltspannung (grösste elektrische Stärke) auf, wobei ihr Höhepunkt um 10 bis 12 zps liegt. Der Alpha-Rhythmus wird meist mit den zwischen 8 und 13 zps liegenden Frequenzen gleichgesetzt. Bei einem durchschnittlichen Erwachsenen-EEG besteht der dominierende Rhythmus aus Alpha-Wellen, sofern die Versuchsperson in einem entspannten Wachzustand ist und die Augen geschlossen hält. Durch willkürliches Augenöffnen oder die Durchführung einer Aufgabe, die konzentrierte Aufmerksamkeit erfordert, wie z. B. geistige Arithmetik, kann eine Alpha-Blockade, d. h. die plötzliche Unterbrechung in der Alpha-Produktion des Gehirns, eintreten. Die Blockade kann aber auch die unbeabsichtigte Folge eines plötzlich auftretenden äusseren Reizes, zum Beispiel eines lauten Geräusches, sein. Ein Mangel an Alpha-Wellen unter den soeben beschriebenen Bedingungen stellt manchmal ein Warnzeichen dar, doch gibt es viele normale Erwachsene, die nicht ohne weiteres Alpha produzieren.

Delta-Wellen sind die langsamsten Gehirn-Wellen; sie erscheinen gelegentlich während des Schlafs. Sie reichen von der ersten auffindbaren Gehirnaktivität bis zu 4 zps und haben ihren Spannungshöhepunkt zwischen 1 und 2 Zyklen pro Sekunde. Solche langsamen Wellen sind gewöhnlich bei kleinen Kindern anzutreffen; sie sind ein normaler Aspekt ihrer Entwicklung.

Theta-Wellen, mit einem Bereich von 4 bis 7 zps, sind noch wenig erforscht. Doch in jüngster Zeit ziehen sie mehr Aufmerksamkeit auf sich. Die Tatsachen, dass sie bei einigen Zen-Meistern im tiefsten Meditationszustand auftreten, mag ein Hinweis auf die beträchtliche Bedeutung sein, die sie für alle angehenden Alpha-Schüler haben. Dr. Barbara Brown, Experimental-Physiologin und Leiterin des kalifornischen Kriegsveteranen-Spitals in Sepulveda, die auf diesem Gebiet zu den führenden Wissenschaftlern gehört, stellte fest, dass Theta allem Anschein nach in Beziehung steht «zur Pro-

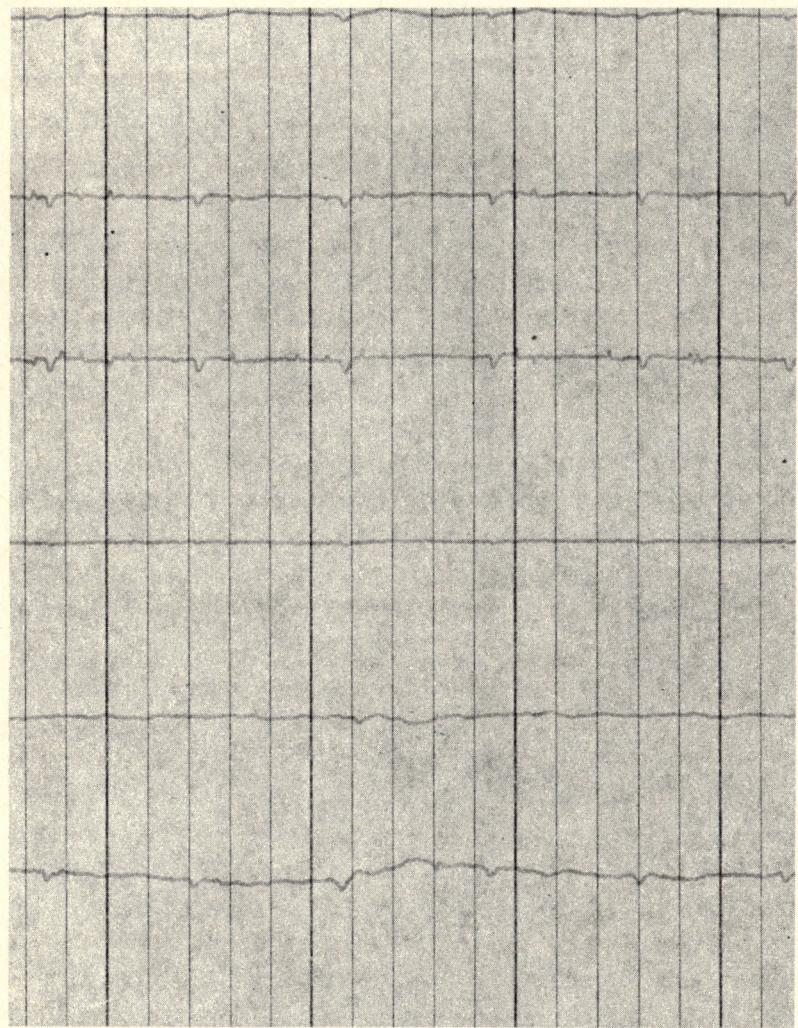

Bild 1: EEG-Bild von einem Gehirn, das keine elektrische Aktivität aufweist. Die Versuchsperson ist juristisch tot, doch das Herz sendet noch immer schwache Impulse aus, die als Echozeichen oder Wellen mit geringer Amplitude registriert werden. Jede Linie repräsentiert eine am Kopf befestigte Elektrode.

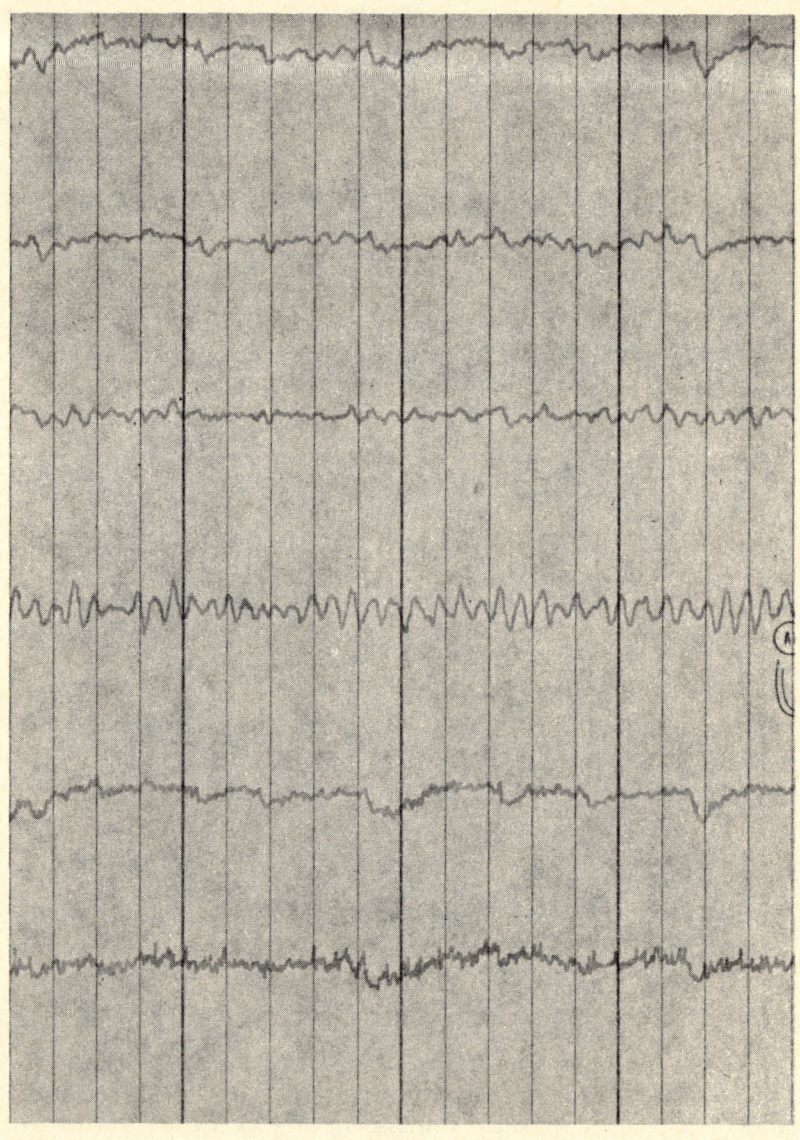

Bild 2: EEG-Bild mit vorherrschendem Alpha-Rhythmus (8–13 zps).

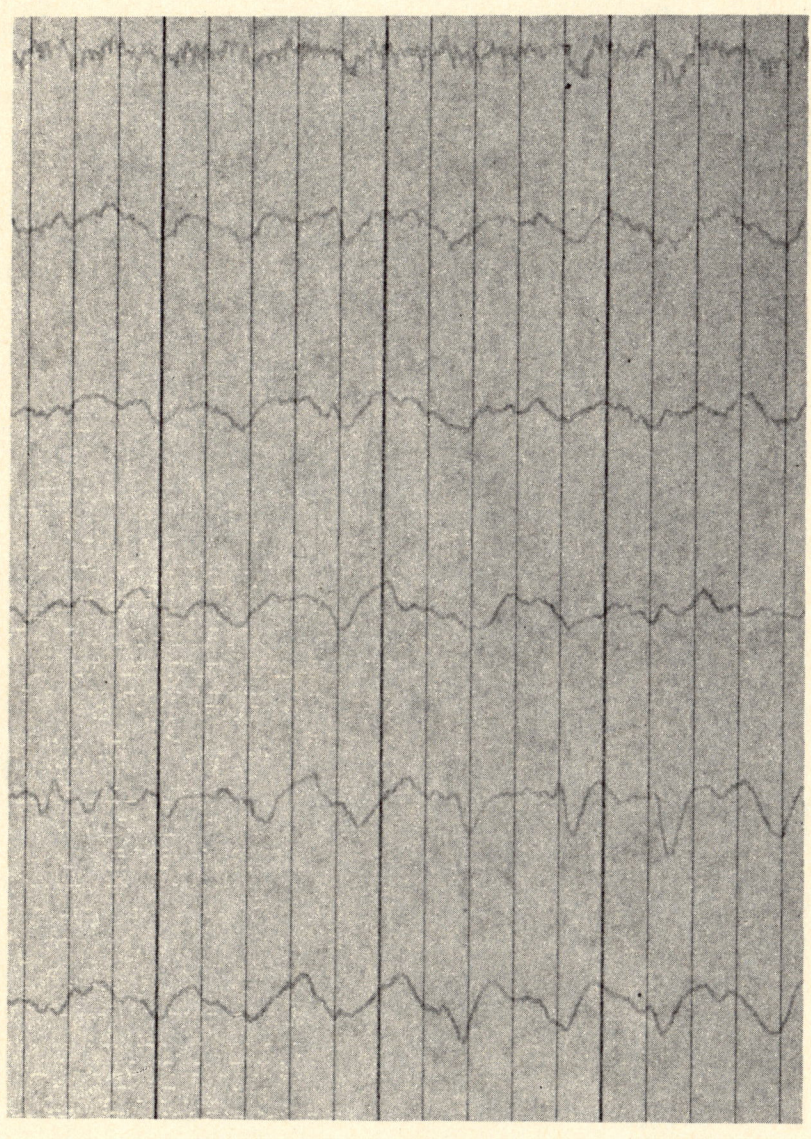

Bild 3: EEG-Bild mit vorherrschendem Delta-Rhythmus (0–4 zps).

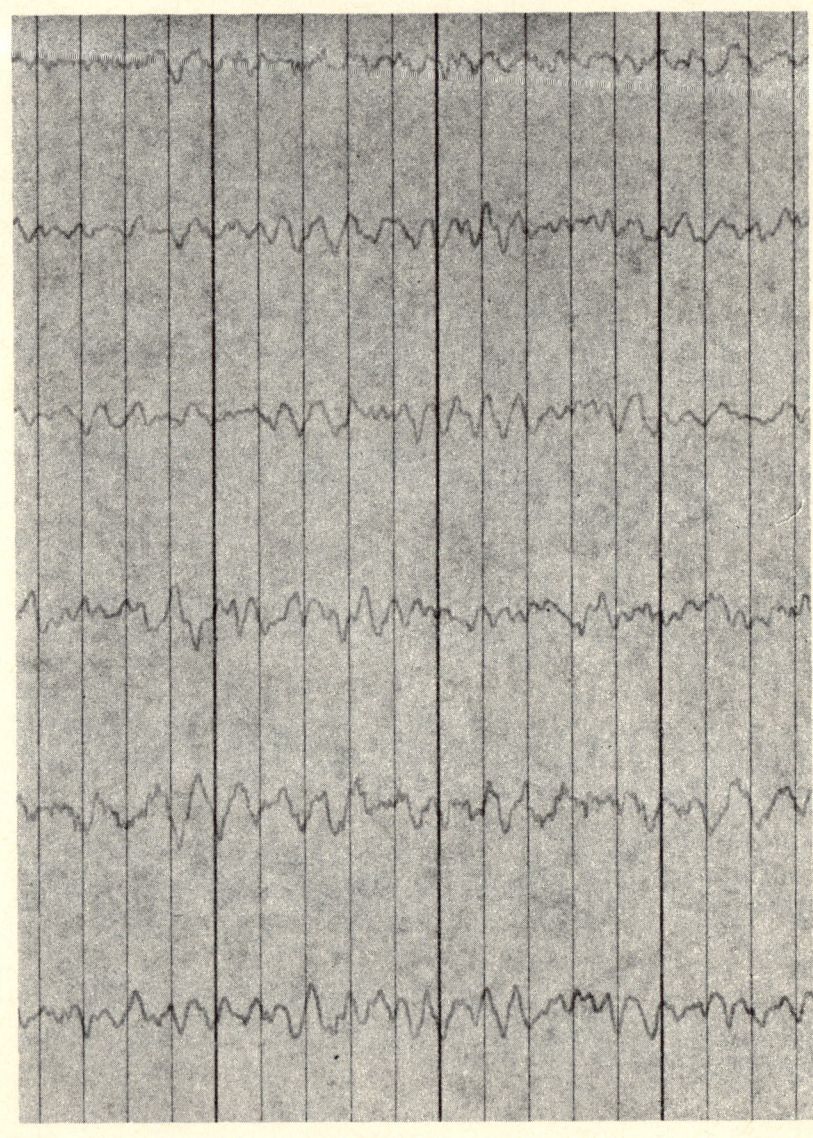

Bild 4: EEG-Bild mit vorherrschendem Theta-Rhytmus (4–7 zps).

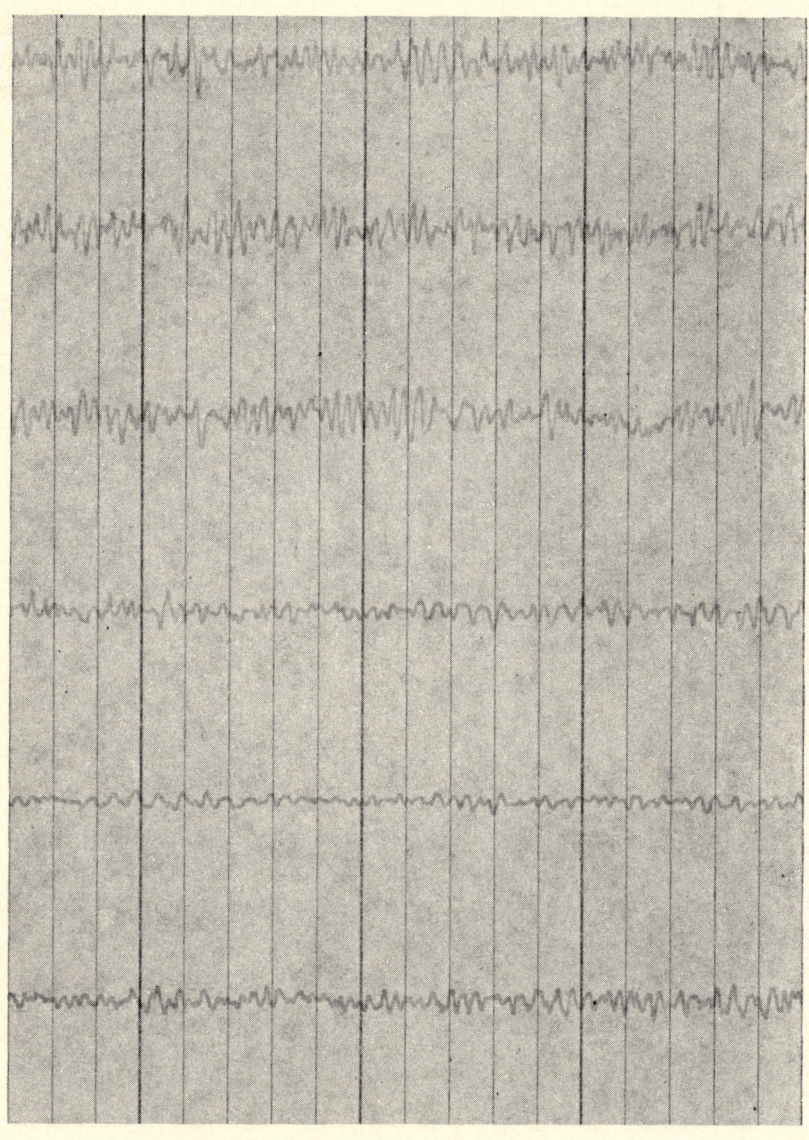

Bild 5: EEG-Bild mit vorherrschendem Beta-Rhythmus (14 u. m. zps).

blemlösung, zur Klassifizierung und Einordnung neuerhaltener Informationen sowie zum Wiederabruf von bereits im Gehirn gespeicherter Information». Sie meint, dass «Theta-Training die Aufmerksamkeit steigere, das Gedächtnis fördere und ganz allgemein zu einem sensationellen Anstieg der geistigen Leistungsfähigkeit führen werde», obwohl der Beweis dafür noch aussteht.

Beta-Wellen umfassen normalerweise alle Wellen, die schneller sind als die Alpha-Wellen – von 14 zps aufwärts. Ihr Spannungshöhepunkt oder ihre grösste Stärke liegt ungefähr bei 20 bis 25 zps. Sie treten bei normalen Erwachsenen auf, die sich im Zustand der ‹Alarmbereitschaft› – verglichen mit einem solchen der Entspannung – befinden. ‹Auf Beta sein› gehört zum Jargon der Verkäufer von Alpha-Geräten; der Ausdruck bezeichnet jenen angespannten, reizbaren Zustand, der sowohl für den Betreffenden selbst als auch für seine Umgebung etwas Unangenehmes ist. Der Verkäufer bietet ein Gerät zum Kauf an, das einem beibringt, ‹in Alpha zu kommen›, um sich dadurch besser zu fühlen, besser auszusehen und Besseres zu leisten. Das ist vermutlich etwas simplifiziert. Wahrscheinlicher ist, dass Beta genau wie Alpha seine legitimen Funktionen hat und dass der Beta-Zustand vielen Aufgaben, die wir bewältigen müssen, am besten entspricht.

Diese vier Grundformen von Gehirnwellen sind schon lange bekannt und sind immer wieder von EEG-Forschungen bestätigt worden. Neuere und noch ungewissere Phänomene schliessen Kappa- und Gammawellen ein. Gamma-Wellen haben dieselben Frequenzen wie Alpha-Wellen, aber viel kleinere Voltspannungen. Doch der Ausdruck Gamma-Wellen wird manchmal auch für jene sehr schnellen Beta-Wellen verwendet, deren Spannungsgipfel bei etwa 50 zps liegt. Manchmal werden diese Wellen auch einfach als ‹sehr schnelle Beta-Wellen› (die über 30 zps liegen) bezeichnet; man trifft sie bei Erwachsenen an, die eine hohe Quantität bestimmter Drogen eingenommen haben.

Die Gehirn-Wellen eines Individuums unterliegen von Stunde zu Stunde und sogar von Moment zu Moment deutlich spürbaren Schwankungen. Dies wird von Faktoren wie dem Bewusstseinszustand (Schlaf-, Ruhe-, Wachzustand), von Grad und Art der emotionellen Spannung (wie gut oder schlecht man sich fühlt), von Drogenkonsum sowie dem Vorhandensein von Krankheit oder Verwundung bedingt. Es gibt jedoch nicht für jeden dieser Zustände deutlich verschiedene graphische Strukturbilder, und jemandes Gehirnwellen ‹abzulesen› heisst keineswegs, seine Gedanken zu lesen. In Wirklichkeit könnte man wohl durch die Betrachtung von Gesicht und Gestalt mehr Aufschluss über jemandes Gedanken erhalten. Sehr wenige innere Gemütszustände könnten der EEG-Aufzeichnung allein entnommen werden. Andrerseits hat jeder Mensch die Tendenz, trotz der Vielgestaltigkeit ein ziemlich deutlich unterscheidbares individuelles Strukturbild aufzuweisen. Ein geübter EEG-Spezialist könnte wahrscheinlich einige, zu verschiedenen Zeiten von derselben Person gemachte EEG-Bilder zusammentragen, selbst wenn sie mit den EEG-Bildern anderer Personen vermischt wären. Es scheint, dass die Vererbung hier eine grosse Rolle spielt; genauso wie sie das bei der Festlegung unseres Grundtemperaments tut. So ergeben sich zum Beispiel bei eineiigen Zwillingen, die dieselbe genetische Struktur haben, EEG-Bilder, die eine grössere Ähnlichkeit zueinander als zu den Bildern der übrigen Familienmitglieder aufweisen. Und die EEG-Abnormitäten, die man bei Epileptikern findet, werden manchmal auch in den EEG-Aufzeichnungen ihrer Blutsverwandten angetroffen, die selbst nicht unter dieser Krankheit leiden. Bis zu einem gewissen Grad werden Gehirn-Wellen-Bilder also von einer Generation auf die nächste übertragen.

Man hat herausgefunden, dass, wenn die Elektroden an verschiedenen Stellen des Kopfes befestigt werden, bestimmte Wellentypen an bestimmten Punkten stärker auftreten und hauptsächlich von diesen Punkten auszugehen scheinen. Alpha-Wellen können am besten am Hinterkopf, über dem visuellen Kortex, d.h. jenem Gehirnteil, der Sehreize analysiert, entnommen werden. Es ist daher von besonderem Interesse, dass die Wellen bei geschlossenen Augen am stärksten auftreten, und dass sie dadurch ‹blockiert› werden können, indem sich die Versuchsperson intensiv auf visuelle Bilder konzentriert. Tatsächlich scheinen Menschen mit der Tendenz, in ihrem Denken vor allem bildhafte Vorstellungen zu gebrauchen, weniger leicht Alpha zu produzieren als solche mit einem mehr abstrakten Denken. Die schnelleren Wellen (Beta und Gamma) scheinen aus der vorderen Hirnhälfte zu kommen, die im allgemeinen mit der Verstandestätigkeit und den Emotionen in Verbindung gebracht wird. Es wurde die Vermutung geäussert, dass Delta-Wellen gewöhnlich tief aus dem Gehirninnern (dem Hypothalamus) kommen, doch es ist auch bekannt, dass sie im Kortex um Tumore und Verletzungen des Hirngewebes herum entstehen und dazu dienen können, diese zu lokalisieren. Trotz der Tatsache, dass sie anscheinend im menschlichen Gehirn ihren Ursprung haben, ergeben Untersuchungen anderer Tiere und anderer Körperteile – abgesehen vom Gehirn –, dass «Gehirnwellen» ein Charakteristikum jedes beliebigen Nervengewebes zu sein scheinen. Sie stellen wahrscheinlich die Anhäufung elektrischer Felder dar, die aus der Aktivität vieler getrennt funktionierender Nervenzellen resultieren. Bis jetzt weiss niemand mit Sicherheit, ob die Gehirnwellen tatsächlich dort entstehen, wo sie am stärksten aufzutreten scheinen, oder nicht. Ebenfalls unbekannt ist, ob sie Tausende von Zellen repräsentieren, die auf derselben Frequenz zusammenarbeiten, oder ob es sich um den elektrischen ‹Häufungseffekt› vieler verschiedener Nervenfunktionen handelt. Die diese Frage betreffende Unwissenheit des Wissenschaftlers wird hier besonders betont, um dem Leser die richtige Beurteilung der populären Behauptungen, die im Zusammenhang mit Gehirnwellen geäussert werden, zu erleichtern. Das Nervensystem ist etwas unendlich Komplexes und noch immer recht Unverstandenes. Wer immer behauptet, ein genaues Wissen von Gehirn-Wellen zu besitzen, muss mindestens unter den vorläufigen Verdacht gestellt werden, ein falscher Mystiker, Scharlatan oder Narr zu sein.

Was ist Biofeedback?

Die meisten Alpha-Geräte werden zum einfachen Zweck verkauft, mehr Alpha-Wellen produzieren zu lernen. In Wirklichkeit ist dies nur ein Teil des umfassenderen Prozesses des Biofeedback-Trainings. Das Biofeedback-Training geht auf die Tatsache zurück, dass westliche Wissenschaftler in den vergangenen paar Jahren entdeckt haben, dass Körperprozesse, die man bisher für völlig automatisch und willkürlich hielt, unter bewusste Kontrolle gebracht werden können, wenn die Umstände dazu geschaffen werden.

Falls Sie beabsichtigen, sich einige Elektroden am Kopf zu befestigen und auf eigene Gehirntöne zu lauschen, in der Hoffnung, dadurch mehr Alpha zu produzieren, dann haben Sie es mit einer Form von Biofeedback-Training zu tun. Gleichgültig, ob Ihr Ziel Weisheit, Befreiung von Angst oder ein Gehirn-Wellen-High ist, die Chancen, Erfolg zu haben, nehmen zu, je mehr Sie vom ganzen Prozess verstehen.

Für unseren Zweck kann der Lernprozess in zwei Kategorien eingeteilt werden: in die Kategorie des passiv erworbenen Buch-Wissens und in diejenige des aus Experimenten gewonnenen Wissens. Die zweite Kategorie ist viel verbreiteter. Sie bildet während unseres ganzen Lebens ein Teil unseres Gesamtverhaltens, und aus diesem Grund kommt sie uns viel weniger zum Bewusstsein. Diese Art des Lernens wird nicht wie das Schulstudium innerhalb von genau definierten Situationen praktiziert. Sie kommt in der Art, wie wir leben, zum Ausdruck. Wir haben vergessen, dass wir einmal zu gehen, zu schlucken oder abwechslungsweise zu atmen gelernt haben, um nicht zu ersticken. Es herrscht die Ansicht, dass diese Dinge auf eine automatische und gedankenlose Weise geschehen, aber wer sich dessen bewusst werden könnte, dass sie einmal eine richtige Herausforderung darstellten (man beobachte nur ein kleines Kind), der wird sich wahrscheinlich weniger leicht entmutigen lassen, falls er Alpha nicht gleich produzieren kann, wann immer er gerade will. Im Verstehen und nicht in der Willensanstrengung liegt der Schlüssel.

Das Feedback (Rückkoppelung) ist eines der unabdingbarsten Elemente solcher Experimente. Das heisst einfach, dass man weiss, wie gut man bei jedem Versuch abgeschnitten hat, so dass man sich beim nächsten Mal verbessern kann. Dies ist ein mehr oder weniger stufenmässiger Prozess, der, soll er zum Erfolg führen, wiederholt werden muss. Durch das Alpha-Gerät wird eine Rückkoppelung hergestellt. Das ist alles, was es leistet. Sämtliche Vorteile, die Sie durch eine vermehrte Alpha-Produktion erlangen mögen, werden ausschliesslich von Ihnen selbst hervorgebracht. Das Gerät schliesst lediglich eine Lücke innerhalb des Lern-Zyklus. Man hat den Lern-Zyklus in diesem Sinne als eine *Biofeedback-Schleife* bezeichnet, weil Sie den Versuch unternehmen, einen biologischen Prozess zu verändern. Der Erfolg wird vom Gerät gemessen und dann zu Ihnen zurückgemeldet, so dass Sie sich bei einem neuen Versuch korrigieren können. So geht das hin und her, bis Sie schliesslich befriedigt sind.

Das scheint eine Art Funktionskonditionierung zu sein, was bedeutet, dass Sie Ihre Funktionsweise (Verhalten) durch dauernde ‹Belohnungen› oder ‹Bestrafungen›, die Sie Ihrem Ziel immer näher bringen, zu kontrollieren lernen. In diesem Fall gehen die Belohnungen und Bestrafungen ausschliesslich von Ihnen selbst aus. Sie fühlen sich gut, wenn Sie erreichen, was Sie sich zum Ziel gesetzt haben, schlecht, wenn immer das nicht der Fall ist. Falls Sie sich entmutigen lassen, weil Sie vielleicht zu viel zu bald erwarten, so mögen Sie sich dadurch dazu konditionieren, der ganzen Sache aus dem Weg zu gehen und weitere Versuche aufzugeben.

Zu viel Eifer blockiert das Lernen, und deshalb ist es das genaue Gegenteil von Produktivität, sich zu sehr anzustrengen. Vor allem gilt dies für jemanden, der lernen will, mehr Alpha-Wellen zu produzieren, denn sie treten anscheinend nur bei Entspannungszuständen auf. Wer zum Übereifer neigt, dem wird es wahrscheinlich schwerer fallen, seine Alpha-Produktion kontrollieren zu lernen. Andererseits ist zu erwarten, dass man einigen Gewinn erzielt, wenn man bei der Sache bleibt. Damit sollen keine bestimmten Aussagen über die Alpha-Wellen selbst gemacht werden, doch der Zusammenhang zwischen Alpha und Entspannungszuständen ist auf diesem Gebiet eine der wenigen mit relativer Sicherheit feststehenden Tatsachen. Sollte es Ihnen tatsächlich irgendwie gelingen, willkürlich Alpha zu produzieren, so werden Sie im Verlauf der Zeit wahrscheinlich gelernt haben, mit ihrer eigenen Ungeduld fertigzuwerden. Selbst wenn keine anderen der vielen angeblichen Vorteile herausschauen sollten, so wird allein schon das ein wirklicher Gewinn für Sie sein.

Das Problem der Selbstwahrnehmung

Es gibt einige sehr reale Schwierigkeiten, denen Sie beim Versuch, das zustande zu bringen, wahrscheinlich begegnen werden. Trotz der Tatsache, dass diese Form der Konditionierung automatisch verläuft, ist es wahrscheinlich eine grobe Vereinfachung, sich selbst einfach als ein Bündel bedingter Reflexe zu betrachten. Stillsitzen,

Ruhigsein und einen entspannten, offenen Geisteszustand anstreben – das sind für menschliche Wesen ein paar der schwierigsten Dinge. Tiere haben gelernt, Gehirn-Wellen und eine Anzahl anderer physiologischer Prozesse zu kontrollieren, doch sehr wahrscheinlich haben sie nicht mit demselben inneren Durcheinander zu tun, mit dem menschliche Wesen offenbar fertigwerden müssen.

In wirklicher Ruhe zu verharren kann etwas Ärgerliches sein. Es kann etwas Deprimierendes sein, es kann auch etwas Furchteinflössendes sein. In uns allen schlummern Dinge, denen wir nicht gerne ins Antlitz sehen. Es braucht Mut und Zeit, sie zu akzeptieren und ins richtige Licht zu stellen, bis wir sie schliesslich als wertvolle Teile unserer Persönlichkeit gebrauchen lernen, statt grosse Energiemengen zu verschwenden, um von ihnen *nichts wissen* zu müssen. Solche Dinge haben die Tendenz, sobald wir von ihnen nicht mehr durch unsere Beschäftigung mit der Welt abgelenkt sind, wie grosse psychische Rülpser aus jenem unverdauten Teil unserer Psyche aufzusteigen und uns Sodbrennen zu verursachen. Gewöhnlich sagen wir lieber, statt zu erkennen, um was es sich handelt, dass wir uns gelangweilt fühlen, wir werden zappelig und schauen uns nach irgendwas um, was wir tun könnten. Wir kehren zum Beschäftigtsein zurück.

Einer der Hauptgründe, weshalb der Psychoanalytiker hinter dem Patienten sitzt und nur wenig sagt (vorausgesetzt, dass er nicht schläft, wie auf vielen Cartoons zu sehen), ist, zu vermeiden, dass der Patient von sich selbst, von seinem inneren Selbst abgelenkt wird. Dieses Phänomen ist den Studenten des Zen-Buddhismus wohlbekannt, und tatsächlich muss jeder, der es mit irgendeiner Meditationsform versucht, irgendwann einmal damit fertig werden. Vermutlich zeigen deshalb diejenigen, die in irgendeiner Meditationsform Übung besitzen, im Umgang mit Alpha-Geräten von allem Anfang an eine glücklichere Hand. Das ist schwierig und braucht gewöhnlich Zeit. Dies ist einer der Gründe, weshalb für Zen und Psychoanalyse Jahre erforderlich sind.

Es ist durchaus vorstellbar, dass ein Alpha-Gerät zum selben Zweck verwendet werden kann, obwohl man erst dabei ist, diese Möglichkeit zu untersuchen.

Eine der grundlegenden Funktionen des Zen-Meisters sowie der Biofeedback-Therapie besteht darin, ein Individuum jedesmal darauf aufmerksam zu machen, wenn es sich von der gestellten Aufgabe – Aufmerksamkeit auf sich selbst – ablenken lässt. An diesem Punkt verlieren die Patienten oft die Geduld mit ihrem Therapeuten. Bis zu einem gewissen Grad wird das Alpha-Gerät dieselbe Funktion übernehmen. Seien Sie nicht erstaunt, falls Sie über einen Apparat in Wut geraten, der einen zwackt, wenn man nicht tut, was man sich vorgenommen hat. Dazu haben Sie ihn ja schliesslich gekauft.

Das soll nicht heissen, dass ein Alpha-Gerät ein vollwertiger Psychotherapie-Ersatz ist. Doch wer auf die nagenden Stimmen des eigenen Innern lauschen und mit ihnen fertig werden kann und gleichzeitig lernt, sich zu entspannen und mehr Alpha zu produzieren, dem wird am Ende wahrscheinlich eine rechte Portion Selbsterkenntnis zuteil. Sie wird sich jedoch nicht aus Alpha, sondern aus der eigenen harten Suche nach Alpha ergeben. Doch vielleicht kann diese Selbsterkenntnis auch einfach darauf zurückgeführt werden, dass man sich in regelmässigen Zeitabständen hinsetzt, um in aller Ruhe auf sich selber zu lauschen. Nur benötigen die meisten Menschen in diesem Prozess eine Führung. Angesichts dieser sehr menschlichen Schwierigkeiten wäre es keineswegs überraschend, wenn viele gekaufte Alpha-Geräte höchstens ein paar Wochen lang gebraucht werden. Aus denselben Gründen bleibt die Hälfte aller Patienten der psychiatrischen Behandlung nach den ersten paar Sitzungen fern, obwohl sie sie nötig hätten.

Es mag legitime Gründe dafür geben, das Alpha-Gerät ebenfalls aufzugeben. Nicht jedermann scheint dieselben Vorteile damit zu erzielen. Bei einigen Menschen kommt es zu einer Entspannung und zu einem wachen Bewusstsein, während andere offenbar einfach in Schlaf fallen. Die Berichte widersprechen sich: einerseits sollen die Vertreter der Hip-Drogen-Kultur beim Produzieren von Alpha schlecht abschneiden, während andererseits diejenigen mit früheren (manchmal Drogen-) Erfahrungen von Hochgefühlen solche Gefühlszustände während des Gehirn-Wellen-Trainings angeblich leichter wieder erreichen. Die Berichte reichen von Ekstasen und Zuständen gesteigerter Kreativität bis zum schlichten OK. Offenbar ist jeder, dem es gelungen ist, aktiv Alpha zu produzieren, mit dieser Erfahrung sehr zufrieden, obwohl sie bei verschiedenen Menschen verschieden ausfallen mag. Dabei spielen zweifellos die Erwartungen und die allgemeine Haltung einer derartigen Erfahrung gegenüber sowie auch der Grad der Beeinflussbarkeit und das Temperament eine Rolle.

Die Gefahrenfrage

Die Möglichkeit einer wirklichen Gefahr bei der Verwendung von Alpha-Geräten ist zu einer Streitfrage geworden. Hersteller und Zwischenhändler stellen eine derartige Möglichkeit im allgemeinen in Abrede. Sie weisen darauf hin, dass die Geräte niemandem etwas zufügen, niemandem etwas in den Kopf stecken und dass man beim Gebrauch des Geräts ganz nach eigenem Gutdünken reagieren kann. Die einzige von ihnen erwähnte Vorsichtsmassregel ist, keine zusätzlichen Stecker an ausserhalb des Geräts befindliche Stromquellen anzuschliessen, wegen der unangenehmen Gefahr, durch elektrischen Schlag umzukommen. Dieser Vorbehalt muss ernstgenommen werden. Der Standpunkt der Hersteller sieht eigentlich ganz vernünftig aus. Trotzdem gibt es einige Einschränkungen, die Aufmerksamkeit verdienen.

Dr. Brown gab in einem Artikel der *Los Angeles Times West* ihre Sorge zum Ausdruck, die vor allem darin besteht, Alpha-Geräte könnten unter bestimmten Umständen Signale auffangen, die nicht den normalen Gehirnfunktionen angehören. Ein Pechvogel könnte viel Zeit und Mühe aufwenden, nur um einen pathologischen Prozess oder etwas, was zu seinem Nachteil ausschlägt, einzuüben, ohne dies zu merken. Falls die Elektroden nicht an der richtigen Stelle angebracht sind, so dass statt der Alpha-Signale Muskel-Signale registriert werden, kann der Benützer des Geräts den irrtümlichen Eindruck erhalten, bei jeder Aktivierung des betreffenden Muskels die Alpha-Produktion zu erhöhen. Das Gerät spürt nur elektrische Aktivität auf, und es liegt am Besitzer, zwischen den verschiedenen Arten von Signalen zu unterscheiden. In einem solchen Fall mag sich jemand tatsächlich auf einen Zustand grösserer Spannung eintrainieren und statt der friedlichen Ruhe des Alpha-Zustands Kopfschmerzen davontragen. Und in ähnlicher Weise würde ein Alpha-Schüler, dessen Elektroden seinen Herzschlag registrieren, sein

Leistungsgefühl daraus erhalten, dass er seinen Herzschlag beschleunigen lernte, wovon er jedoch kaum profitieren würde.

Eine viel schwerwiegendere Gefahrenmöglichkeit kommt in dem von Dr. Brown berichteten Fall einer Frau zum Ausdruck, die ‹epileptische Stiche› (plötzliche heftige elektrische Entladung im Gehirn, die mit epileptischen Anfällen in Zusammenhang stehen) zu provozieren lernte, ohne sich dessen bewusst zu sein. Es ist durchaus denkbar, dass ein Mensch mit schwachen epilepsieartigen Prozessen diese eine Zeitlang verstärken könnte, bis es schliesslich zu regelrechten Anfällen käme. Zum Glück scheint diese Art von Problemen beim Gebrauch von Alpha-Geräten nur recht selten aufzutauchen.

Es muss auch noch die allgemeine Frage erörtert werden, inwiefern sich als Resultat des Trainings in der normalen Hirntätigkeit Veränderungen einstellen. Das ist nicht so unheimlich, wie es vielleicht klingen mag. Für einige unter uns ist ein Zustand des Gespanntseins vielleicht etwas Normales, doch es ist gewöhnlich gesünder, diesen Zustand zu verändern. Das Alpha-Training wird kaum etwas anderes zustandebringen können. Im Verlauf der relativ kurzen Trainingszeiten, die ein Teil der meisten wissenschaftlichen Experimente darstellen, haben sich keinerlei Beschwerden angesammelt. Es war im Gegenteil für die Betreffenden fast durchwegs eine angenehme Erfahrung. Dagegen können die langfristigen Auswirkungen erst an den Tag kommen, wenn das Alpha-Training von einer grossen Zahl von Menschen mehrere Jahre lang betrieben worden ist.

Alpha-Start

Um aus dem Alpha-Training das meiste herauszuholen, wird man versuchen müssen, eine Mittellage zu finden zwischen Vernunft und Vorsicht einerseits und Entspannung und Offenheit während des Experimentierens andrerseits. Die Zeit und Mühe, die es kostet, sich anzudrahten, mögen das zunächst erschweren. Es ist einige Übung erforderlich, um die Elektroden an der richtigen Stelle zu befestigen und um zu lernen, wie man das Gerät einstellen muss. Es wird vor allem zu Beginn Tage geben, in denen sich die Aufmerksamkeit in Alltagsprobleme verstrickt und es nicht möglich ist, frei dahinzufliessen. Am Anfang wird es wohl das Beste sein, keinen Versuch zu unternehmen, wenn man sich dazu nicht in Stimmung fühlt. Es ist sinnlos, dem Gehirn Alpha willkürlich abzwingen zu wollen. Man muss durch Entspannung in diesen Zustand hineinwachsen. Wenn Sie damit einmal Erfolg gehabt haben, werden alle späteren Trainings-Stunden wahrscheinlich viel reibungsloser verlaufen. Wessen Nerven von Zeit zu Zeit zu schrillen anfangen, der wird damit nachher viel leichter fertig werden können, ohne durch diese Anstrengung noch gespannter und entmutigter zu werden.

Sie sollten sich, wenigstens am Anfang, einen bequemen Platz zum Sitzen oder Liegen aussuchen. Später sollten Sie vielleicht herausfinden, wieviel Stress Sie ertragen können, ohne aus dem Alpha-Entspanntsein zu geraten, doch am Anfang gestalte man die Sache so einfach wie möglich. Quellen der Ablenkung sollten auf ein absolutes Minimum reduziert werden. Es mag eine Hilfe sein, die Beleuchtung zu dämpfen.

Es kommt oft vor, dass Anfänger bald Alpha zu produzieren beginnen, was ihnen das Gerät mit Signalen bestätigt, und dass sie nun von diesem Erfolg zu sehr in Anspruch genommen werden. Das führt zum enttäuschenden Ergebnis, dass die Alpha-Produktion wiederum blockiert wird. Möglicherweise muss man diesen Prozess mehrere Male durchlaufen, bis man das Gefühl, das Ziel erreicht zu haben, als etwas Nebensächliches ansieht, und von dem man sich nicht ablenken lässt.

Die andere Seite des Problems der Selbstwahrnehmung sieht positiv und ermutigend aus. Wer offener und entspannter wird und seine Gefühle und seine Aufmerksamkeit leichter fliessen lassen lernt, der erfährt gewöhnlich einen ungeheuren Energiezuschuss. Diese Erfahrung stellt ein vielfach bestätigtes Höhepunkterlebnis dar. Sie ist oft von intensiver Freude und einer Empfindung für die Unmittelbarkeit des Lebens begleitet. Wenn Energie, die bisher im Dienst der schutzbedürftigen Psyche gefangen war, plötzlich zum Durchbruch kommt, dann fühlen wir uns dadurch oft frei und glücklich und sind imstande, von unseren Fähigkeiten weit wirksameren Gebrauch zu machen. Falls das Alpha-Training etwas derartiges für Sie zustandebringt, werden Sie wahrscheinlich erkennen, dass sich die Sache gelohnt hat.

3
Die Anfänge von Alpha

Das meiste von dem, was gegenwärtig geschieht und was neu, progressiv und für die Bereiche von Politik, Beziehung und Kunst massgebend ist, wird entweder von der Jugend hervorgebracht oder von denjenigen, die sich vor allem an die Jugend wenden.

Diese Worte stammen aus Theodore Roszaks Buch *Gegenkultur*, und falls die Ansicht von Roszak richtig ist, so wird das gegenwärtige Alpha-Wellen-Phänomen den ‹neuen Kriterien›, die darüber bestimmen, was als ‹neu, provokativ und massgebend› gilt, zweifellos gerecht. Wenn am Horizont ein neues Phänomen auftaucht, dann erwarten wir natürlich, dass zwischen diesem Phänomen und dem seltsamen, *Jugend* genannten Tier eine gewisse Beziehung besteht. Es ist deshalb nicht überraschend, dass diejenigen, die zuerst von Alpha angezogen werden und zuerst damit zu tun bekommen, die Jugendlichen sind.

Man mag einwenden, dies sei schon immer so gewesen. Man mag darauf hinweisen, dass auch die Vergangenheit ihre Jugendbewegungen gekannt hat, die grössere soziale Veränderungen herbeigeführt haben. Doch bleibt dabei noch immer ein Gefühl des «Ja, aber nicht genau so, nicht in derselben Art» zurück. Wenn Wissenschaftler einer neuen Ära einmal auf uns und die Siebziger Jahre zurückschauen werden, so geschieht das vielleicht von einer Perspektive aus, für welche die grösste Bedeutung unserer Zeit in der seltsamen Art und Weise liegt, mit der unsere gesamte Ära neuen Phänomenen begegnet ist. Dies würde etwa so aussehen, wie wenn Wilbur und Orville Wright ihren historischen Flug in Kitty Hawk nur gemacht hätten, um zu entdecken, dass die Tatsache, dass sie fliegen konnten, niemandem über dreissig aufgefallen wäre.

Falls Freud sein Manuskript *Das Unbehagen in der Kultur* gerade vollendet hätte, so würde der Laie von seinen Lehren wahrscheinlich aus den Seiten der *Evergreen Review* und des *Berkeley Barb* erfahren, lange bevor *Time* die Sache in einem Spezialbericht breitschlagen würde. Die ersten Schulen, die über seine Werke Vorlesungen bieten würden, wären die Freien Universitäten, lange bevor solche Vorlesungen in den Vorlesungskatalogen der Universität von Berkeley erscheinen würden. So ist es mit der Transaktions-Analyse gegangen.

Und so geht es gegenwärtig mit Alpha. Es wäre kaum anzunehmen, dass die ersten Menschen-Mengen, die zu Freuds Türen strömen würden, wiederum die Frauen der Wiener Oberschicht wären, die herausfinden wollten, nach welcher Geige sie tanzten. Stattdessen würden von den Universitätsgeländen massenweise Leute eintreffen, die sich auf Synanon-Spiele, Encounter, Sensitivity, Drogen und Zen verstehen. Wahrscheinlich würden sich gewisse Kulte bilden, und in den Liedern von Dylan und Lennon würden leise Anspielungen auf die Libido auftauchen. Irgendwoher würde ein aufgebrachter Vater der *New York Times* schreiben, um zu erfahren, weshalb gegen diese neuen Kulte keine Gesetze bewilligt würden. (Genau diese Befürchtung, gegen den Gebrauch von Alpha könnten bestimmte Massnahmen ergriffen werden, ist von einigen Wissenschaftlern bereits geäussert worden).

Wahrscheinlich ist der einzige Gedanke, der sich gegenwärtig mit Sicherheit herauskristallisieren lässt, die Tatsache, dass die 70er Jahre in einer von Freud verschiedenen Welt stattfinden. Die Wissenschaft kann sich nicht mehr hinter den ethischen Argumenten einer Berufs-Autonomie verstecken. Die Welt der Wissenschaft kann von der sozialen Welt nicht mehr getrennt werden. Das Verständnis der heutigen, modernen, bahnbrechenden technologischen Neuerungen darf nicht mehr ein bloss wissenschaftliches sein, es muss ein soziales Verständnis sein, und das heisst, dass man weiss, wer die bahnbrechende Neuerung zuerst nötig hatte, wen sie in ihren Bann schlägt und warum.

Es war das Schicksal von Alpha, mitten in einer Revolution entdeckt zu werden. Und es wird fast augenblicklich klar, dass die Vorboten sowohl von Alpha wie auch der sich nun abspielenden Revolution irgendwie miteinander verbunden sind. Einige Leute sehen Alpha als einen Bestandteil der Revolution oder sogar als ihre logische Konsequenz an. Alpha ist bereits als das allerneueste Psychedelikum, als die neueste Methode der Gewichtskontrolle und als potentieller Aspirin-Ersatz ausgegeben worden. Die Untersuchung von Alpha lässt mindestens noch eine weitere Möglichkeit offen. Denn in Wirklichkeit stellt Alpha, zumindest vom wissenschaftlichen Aspekt her betrachtet, die jüngste wissenschaftliche Erforschung der grundlegenden Funktionsweisen des menschlichen Geistes dar –, die eine rein wissenschaftliche Erforschung der Grundlagen seines Funktio-

nierens, der Grundlagen unseres eigenen Funktionierens ist. Falls
irgendetwas Wahres im alten Sprichwort steckt, dass die Not die
Mutter der Erfindung sei, so müssen wir uns doch die Frage stellen,
wer denn nach einer Antwort für solche Probleme verlangt; bis jetzt
wenigstens scheint uns der Augenschein zu sagen: die Jungen.

Der Einkauf von Identität im Alten Identitätsladen

Dr. Joseph Kamiya, ein Forschungspsychologe am Neuropsychiatrischen Institut in San Francisco, gilt als einer der führenden
Forscher auf dem Gebiet der Alpha-Wellen. Er ist in den späten
sechziger Jahren innerhalb der Medien zum Diskussionsgegenstand
geworden. Es ist interessant, dass seine Schriften über die mentalen
Prozesse die meisten Anhänger unter der Jugend gefunden haben.
Und dabei handelte es sich schliesslich nicht nur um die Generation der bewusstseinserweiternden psychedelischen Drogen, sondern
auch um diejenige der Sensitivity, der Encounter-Gruppen, des
Synanon, der Transzendentalen Meditation, des Yoga, der Astrologie, der Hare-Krishna-Jünger und der Rockkonzerte.

Falls wir wirklich herausfinden wollen, wie es dazu kam, dass
wir eine solche verzweiflungsvolle Generation in die Welt gesetzt
haben, so würde uns der heutige Lauf der Dinge wahrscheinlich
sagen, dass wir kaum sehr weit zu suchen haben, um die Antwort
zu finden. All das hat ganz einfach angefangen. Zu Beginn der
60er Jahre schienen die Forderungen und Ziele der Revolution sehr
einfach und klar definiert zu sein. Einfache Folksänger sangen in
einfachen Melodien vom Frieden und von der Brüderlichkeit. Selbst
wer anderer Ansicht war, musste seinen Geist nicht allzu sehr anstrengen, um wenigstens zu verstehen, wovon die Rede war. Ende
des Kriegs? OK. Gleichberechtigung für die Schwarzen? Klingt vernünftig. Damals wenigstens spielten sich die Kämpfe der sich neu
bildenden Neuen Linken und der alten Mitte in einem solchen
Rahmen ab, dass niemand zu sehr angegriffen wurde. Sit-Ins,
Demonstrationen und Wahl-Aufforderungen waren milde im Vergleich mit der Gewalt der 70er Jahre.

Unsere Einsicht in die Geschehnisse ist teilweise von der Tatsache umwölkt, dass die Veränderungen derart schnell vor sich gehen, dass man sich nur schwer daran zu erinnern vermag, wie die Dinge nur schon vor zehn Jahren ausgesehen haben. Bereits damals war es offensichtlich, dass sich eine sehr weite Kluft aufgetan hat zwischen den in mittlerem Alter Stehenden und einem sehr lautstarken und wahlrechtslosen Kontingent der Jugend. Die Optimisten der grossen Mitte waren damals wohl noch im Recht, wenn sie von den Dissidenten als von einer geringen Minorität sprachen.

Noch wesentlicher ist vielleicht die Tatsache, dass, ganz abgesehen von der Anhängerzahl, gerade der Ton und der Kern dessen, was damals als dissident galt, von dem, was heute existiert, völlig verschieden war. Im Jahre 1969 sprach man, ausser von Marihuana, nur wenig von Drogen. Die Existenz der meisten harten Psychedelika war nicht einmal bekannt, und wir werden später noch sehen, dass die Drogen wesentlich dazu beitrugen, diese einzigartige Generation dahin zu bringen, wo sie sich heute befindet.

1961 gab es keine Weathermen. Der SDS, der sie entstammten, war noch gewaltlos, und dies galt beinahe für die ganze Bewegung, von der der SDS bloss ein Teil war. Während die heutigen Kritiker viel Zeit damit zubringen, an der Gewalts-Besessenheit der Radikalen herumzustudieren, waren die Jugendlichen des vergangenen Jahrzehnts offenbar beinahe vom Gegenteil besessen. Angeschlagene Mitteilungen kündigten nicht Demonstrationen, sondern gewaltlose Demonstrationen an. Das Wort *Gewaltlos* ist in zahlreiche Namen der damals aufblühenden neuen Organisationen geflossen. Im Jahre 1961 war es noch etwas, zu sagen, man sei ein Pazifist. Sogar noch im Jahre 1966, als radikale Weisse noch über die Hälfte der Bürgerrechtsbewegungen ausmachten, predigten die gemischt-rassigen Demonstrationen Martin Luther Kings die Idee der Gewaltlosigkeit, fast als ob es sich dabei um eine Religion handelte. Die Demonstranten, die von ihm durch Chicago's West Side geführt wurden, verliessen ihren Versammlungsort erst, nachdem sie einen kräftigen Unterricht in den Prinzipien der Gewaltlosigkeit erhalten hatten. Darauf legte Martin Luther King fast ebensoviel Gewicht, wie er zuerst auf die Notwendigkeit gelegt hatte, die Demonstrationen zu unternehmen. Es wurde Unterricht abgehalten. «Wenn du nicht ruhig bleiben kannst, brauchen wir dich nicht», sagte er. Und den Demonstranten wurde beigebracht, nicht zurückzuschlagen, auch wenn sie selbst geschlagen würden. So hat es im allgemeinen während der frühen 60er Jahre ausgesehen, als das Bild eines zusammengeprügelten Bürgerrechtsdemonstranten die Zeitungsseiten des ganzen Landes zu füllen schien.

Wer im Jahre 1961 die Radikalen hätte aufspüren wollen, der würde sie logischerweise auf dem Universitätsgelände gesucht haben. Theodore Roszak sieht darin eine äusserst wichtige Tatsache, denn die Anhäufung von 30 000 menschlichen Körpern auf Universitätsgeländen «hat dazu beigetragen, die Gruppenidentität der Jugend herauszukristallisieren». Vieles von dem, was geschehen ist – selbst in den fernen Strassen von Selma – schien Grundanstrich und Rohstoff von den Universitäten her zu beziehen.

Es war eine Zeit, in der ein *Beatnik* zu sein noch weitgehend bedeutete, ein Intellektueller zu sein. Und in der Tat wurde man oft dadurch zum *Beatnik* gestempelt, indem man die richtige Art von Gedichten und Romanen las und sich die richtige Art von Jazz anhörte.

Doch vielleicht kommt der wirklich wesentliche Unterschied zwischen heute und damals in der Stimmung, in der Art und Weise zum Ausdruck, wie die Leute damals miteinander sprachen. Ein Drop-Out-Taxifahrer (ehemals Staatsangestellter), dem sein strategisch günstig gelegenes Geburtsdatum erlaubte, in seinen mittleren 20er Jahren sowohl die Beat- als auch die Hip-Ära mitzumachen, meinte:

«Man kann einen grossen Unterschied bemerken, einfach dadurch, dass man sich die Parties ansieht. Damals wollte man stoned werden und herumsitzen und miteinander reden. Das ist aus der Mode gekommen. Die Musik ist ohnehin zu laut. Ungefähr das einzige, was einem zu tun bleibt, ist, einander zuzulächeln und sich im Kreise zu drehen ...
Ich glaube, der Unterschied liegt vor allem daran, dass die ganze Sache damals noch neu war. Wir hatten wirklich Spass an dem,

45

was wir taten. Ich bin sicher, dass auch die Drogen zur Veränderung beigetragen haben. Und tatsächlich dreht es sich meistens um Drogen, wenn man heute miteinander redet. Damals
war es die Politik. Heute dagegen ist, wer cool ist, apolitisch.»

Heute

Die vom Taxifahrer zitierte apolitische Stimmung unter der Jugend hat sich inzwischen derart ausgebreitet, dass sie ihren Höhepunkt bereits erreicht zu haben scheint. Der Trend der Gegenwart
verläuft hauptsächlich in einer Richtung, die dem System den Rücken
kehrt. Diejenigen, die sich der ‹Zurück-zur-Erde-Bewegung› angeschlossen haben, und die Mitglieder von Kommunen führen ein
Leben, das so weit vom System entfernt ist, wie es, solange man
noch innerhalb der Grenzen der Vereinigten Staaten wohnt, überhaupt möglich ist. Offenbar ist nicht jedermann unter 30 bis zu diesem Extrem geschritten. Doch auch viele von denen, die nicht so
weit gegangen sind, scheinen sich einen Lebenstil anzueignen, der
sich von dem, was als Hauptströmung der Gesellschaft gilt, immer
weiter entfernt. Es macht beinahe den Anschein, als hätte die Jugend
einstimmig beschlossen, von nun an in die eigene Hand zu nehmen,
was die Gesellschaft zu leisten sich weigerte.

In San Francisco existieren freie Kliniken, die medizinische
Pflege leisten, für die von der Regierung nicht gesorgt wird. Es
existieren freie Universitäten, an denen Fächer gelehrt werden, die
zu lehren sich die staatlich unterstützten Schulen weigern. In der
Umgebung von San Francisco gibt es einige 24 Stunden lang betriebene Informationsdienststellen, die von Jugendlichen geführt werden und die nichts anderes tun, als die Leute an die Stellen zu
verweisen, deren Dienste sie benötigen.

Bei vielen Jugendlichen stehen auf der Liste der von der Gesellschaft offerierten und von ihnen zurückgewiesenen Dinge nicht nur
deren Wohlstand, Leben und Sprache, sondern sogar auch deren
Nahrungsmittel. Für manche von denen, die völlig im Trend zur
organischen Anbauweise aufgegangen sind, bedeutet ein Pfund ‹ange-

reichertes› Supermarkt-Mehl ein Pfund Gift. Organisationen sind entstanden wie die *Food Conspiracy,* in der junge Leute selbst für die Nahrungsmittelverteilung sorgen und auf diese Weise die Läden tatsächlich umgehen können.

Und es ist offensichtlich, worauf all das hinausführt: Es *gibt* eine Gegenkultur, eine Gesellschaft in der Gesellschaft. Es dürfte in vieler Beziehung schwierig sein, eine Kluft heraufzubeschwören, die vollständiger wäre.

Die Suche nach dem eigenen Kopf

Falls die Wissenschaft der Psychologie etwas mit dem ‹Nach-innen-Schauen› zu tun hat, so lag der Anfang des gegenwärtigen ‹Nach-innen-Trends› in der Mitte der 50er Jahre. Diese plötzliche Erscheinung ist bedeutsamerweise nicht nur auf dem Universitätsgelände hervorgetreten, sondern genauso sehr auch im Geist der breiten Öffentlichkeit. Wie ein Artikel im *Life*-Magazin im Jahre 1957 feststellte, handelte jeder zehnter Film von einem Psychiater oder schloss zumindest einen solchen ein. Damals nahm die öffentliche Nachfrage nach psychiatrischer Behandlung derart zu, dass man vermutete, dass in nur wenigen Jahren doppelt so viele Praxis-Psychologen gebraucht würden.

Zunächst war die Tendenz, nach innen zu schauen, ein Phänomen, das nicht nur die Jugend, sondern jedermann etwas anging. Doch so ist es nicht geblieben.

Die Generation der sogenannten Drop-Outs kam mit der Psychologie von beiden Seiten her in Berührung: von der Seite der Ärzte und von der der Patienten. Die Zahl der Immatrikulationen für Sozialwissenschaften begann an den Universitäts-Fakultäten im gleichen Mass anzuwachsen wie diejenige auf den Wartelisten zum Besuch des Universitätspsychiaters im Gesundheitszentrum. In den Anfangsstadien war die Psychologie, mit der sich die Jugendlichen zu beschäftigen begannen, von sehr traditioneller Natur. Sie wurde mehr oder weniger freudianisch, je nachdem, welche Universität ein Student gerade besuchte.

Wie wir bereits gesehen haben, bleiben die Dinge, die das Interesse der Jugend in Anspruch nehmen, nicht für lange statisch. So war es auch mit der Psychologie. Als die ersten grösseren Überarbeitungen psychologischer Methoden vorgenommen wurden, war es die Generation der über 30jährigen, die zu Drop-Outs wurden; es waren die Jugendlichen, die in überwältigender Zahl angezogen wurden.

Die eigentliche Umlagerung erfolgte in der Mitte der 60er Jahren, als sich die Senisitivity-Gruppen auszubreiten begannen, zunächst auf den Universitätsgeländen. Die Sensitivity-Methode, die rasche Verbreitung fand, beruht auf einer sehr einfachen Voraussetzung: das moderne Leben lässt nur einen geringen Grad an Gefühlen zu. Falls wir doch welche haben, so führt unser sozialer Impuls nicht dahin, sie auszudrücken, sondern eher, sie zu unterdrücken.

Der eigentliche Mittelpunkt des Interesses mag von Gruppe zu Gruppe beträchtlichen Verschiebungen unterliegen. Das Phänomen existiert schon seit einer genügend langen Zeit, dass sich eine reiche Zahl verschiedener Theorieschulen haben bilden können und infolgedessen viele verschiedene Methoden zu erscheinen beginnen. Es gibt einige Gruppen, die das Prinzip der verbalen Kommunikation völlig ausschalten. Eine San-Francisco-Gruppe eröffnete ihren Kurs mit anderthalbstündigem, gegenseitigem Rückenreiben, wonach der Gruppenleiter die Frage stellte: «Sollen wir nun mit diesem wundervollen Hochgefühl nach Hause gehen?»

Das mag in einigen Ohren unglaublich affektiert klingen (ein Mitglied der eben erwähnten Gruppe hat ein solches Gefühl tatsächlich geäussert). Doch falls dies Affektiertheit ist, so zumindest theoretisch untermauerte Affektiertheit. Alle unsere Verteidigungsmechanismen, so würden einige Sensitivity-Theoretiker sagen, treffen sich in der verbalen Kommunikation. Sobald das Gespräch beginnt, tauchen die Abwehrmechanismen auf.

Doch nicht alle Sensitivity-Gruppen sind völlig non-verbal. Denn nach anderer Auffassung gehört auch der verbale Ausdruck von Gefühlen zu den Dingen, die uns die Gesellschaft abgewöhnt hat. In vielen Gruppen bemüht man sich hauptsächlich einfach darum, eine Kommunikationsebene offenzulegen, auf der sich die einzelnen Mitglieder offen und ihren wahren Gefühlen entsprechend begegnen können.

Sensitivity-Gruppen haben sich in einem solchen Mass verbreitet, dass man sie in einigen der mehr experimentell ausgerichteten Hochschulen in die Lehrpläne einbezogen hat. Das gilt auch für einige Universitäten, die als Teil der 4jährigen College-Ausbildung einen entsprechenden Kurs durchführen.

Der Unterschied zwischen Encounter- und Sensitivity-Gruppen verwischt sich allmählich. Die Encounter-Gruppen verlassen sich im allgemeinen mehr auf die verbale Kommunikation und sind, was ihre Ziele betrifft, offener. Einige dieser Gruppen beziehen auch die Sensitivity-Idee, Kontakt zum Gefühlsbereich herzustellen, in ihr Programm ein. Aber Encounter ist für viele einfach ein Weg, andere Menschen zu treffen, ohne das lästige Gerede, das den meisten sozialen Beziehungen vorangeht. Einige treten der Gruppe bei, um bestimmte Probleme zu lösen, andere haben einfach ihren Spass an der Sache. Aus welchem Grund auch immer jemand beitritt, das Grundthema lautet: miteinander in Beziehung treten. Die Rolle des Gruppenleiters, falls überhaupt einer vorhanden ist, besteht darin, die einzelnen Gruppenmitglieder einander zuzuspielen. Er hat auch die Aufgabe, auf die fundamentalen Spielregeln zu achten und dafür zu sorgen, dass die Sache nicht zu weit ins Belanglose abgleitet.

Bei der Encounter-Gruppe liegt der Akzent auf dem Hier und Jetzt. Was immer jemand gerade fühlt, ist von Bedeutung. Man wird dazu ermutigt, es zu wagen, seine Gefühle auszudrücken, statt sie zu unterdrücken. Wenn sich ein männliches Mitglied von einem weiblichen angezogen fühlt, so wird es dazu aufgefordert, dies offen zum Ausdruck zu bringen (statt einfach dazusitzen und darüber nachzudenken). Sehr oft wird ein Leiter die Abwehrmechanismen der Gruppenmitglieder zunächst dadurch auflösen, dass er sie auffordert, zu sagen, zu wem sie sich hingezogen fühlen. Das bedeutet für viele eine beträchtliche Loslösung von der umständlichen Art der normalen Annäherung.

Beim Encounter hat man die Möglichkeit, an seinen Problemen direkt zu arbeiten. Ein schüchterner Student der Berkeley-Universität erzählte den Mitgliedern der Gruppe, dass er seine Menschenscheu nicht loswerden könne, weil er immer das Gefühl habe, jedermann unterlegen zu sein. Ein Mitglied der Gruppe meinte, es wäre vielleicht eine Hilfe, wenn er einmal aufstehen und jedermann Befehle austeilen würde; was er eine halbe Stunde lang tat.

So wie sich das Interesse an Encounter-Gruppen, so hat sich auch deren eigener Aktivitätsbereich ausgebreitet. Kürzlich sind weitgehend spezialisierte Gruppen entstanden, die sich mit höchst spezifischen Problemen der zwischenmenschlichen Beziehungen befassen: Mann-Frau-Begegnung, Begegnung von Schwarzen und Weissen, Begegnung zwischen Homosexuellen, Zusammenkünfte der Anhänger der Frauenbefreiungsbewegungen, um nur ein paar wenige zu nennen.

Eine weitere Form der Begegnung, die schon jetzt für die Zukunft ins Auge gefasst wird, ist die Alpha-Begegnung. Verschiedene Benützer von Alpha-Geräten haben diesbezüglich einige vage Andeutungen gemacht. Im wesentlichen ginge es darum, zu erforschen, wie Menschen, die sich in den gleichen Alpha-Zuständen befinden, aufeinander ansprechen. Und es wäre ja nur etwas ganz Natürliches, dass Alpha und Encounter auf gemeinsamem Boden stünden, denn wie man bereits festgestellt hat, sind es grösstenteils dieselben Personen, die sich zum einen wie zum andern hingezogen fühlen.

Ein Verbindungsglied zwischen Sensitivity und Encounter besteht in der Annahme, dass die Schranken, die die Menschen voreinander aufrichten, am besten in einer sanften, friedlichen Atmosphäre weggeräumt werden, in der alle Mitglieder der Gruppe in gleicher Weise selbst für den Abbau der eigenen Abwehrmechanismen zu sorgen haben. Doch es gibt auch eine andere Spielart des Encounter, die das Problem fast von der entgegengesetzten Seite her angeht – das Synanon.

Das Synanon versucht, jemandes Abwehrmechanismen dadurch zu durchbrechen, dass es einfach über sie hinwegwalzt. Wenn sich die Aufmerksamkeit auf ein bestimmtes Gruppenmitglied konzentriert, dann würde ein Aussenstehender höchstwahrscheinlich den Eindruck bekommen, dass alle übrigen Mitglieder gleichzeitig beschlossen hätten, den Betreffenden anzugreifen. Die Attacken sind oft sehr unsanft; doch die Synanon-Methode ist vielfach kritisiert worden, aufgrund der Tatsache, dass es sich für jemanden, der sich ständig in einem Zustand des Bedrohtseins befindet, als äusserst schwierig erweisen wird, seine Abwehrmechanismen abzubauen.

Eine grosse Anzahl von Synanon-Teilnehmern sind jedoch Benützer von harten Drogen, und solche Menschen, so argumentiert man, haben sich in ihren Abwehrmechanismen bereits derart verirrt, dass einfach kein anderer Weg mehr übrigbleibt, will man wirklich zu ihnen durchdringen.

Synanon-Sitzungen werden aber auch von Leuten besucht, die keine Drogen nehmen. Am Ende bleiben jedoch viele von ihnen fern, weil sie das Gefühl haben, dass die Holzhammer-Methode über das, wonach sie verlangen, hinausgeht. Ein ehemaliges Mitglied, ein Arzt, der gegenwärtig eine Encounter-Gruppe besucht, meint:

«Was mich am Synanon so erschreckte, war, dass ich es darin so weit gebracht hatte. Ich war meistens mit Benützern harter Drogen zusammen, und bei ihnen konnte ich für die aufgestauten Aggressionen, denen sie Luft machten, zumindest eine Rechtfertigung finden; doch diese Gefühle in mir selbst anzutreffen, war erschreckend.»

Es spielt keine Rolle, mit welcher Sorte der neueren Psychologie wir unsere Liste erweitern – sei es mit der Ur-Therapie, sei es mit dem Psycho-Drama – wir würden feststellen, dass es sich bei den Anhängern im grossen und ganzen um junge Leute handelt. Dies ist das gemeinsame Band, das zur Zeit wichtiger zu sein scheint als sogar die Form der Ideologie, der diese Sprösslinge der ‹Kopfwissenschaft› entsprungen sind. Falls wir uns noch immer fragen müssen, was die Jugendlichen in diese Richtung treibt, brauchen wir lediglich zu sehen, was sie tun, sobald sie einmal angekommen sind – die Antwort ist fast offensichtlich – sie schauen in ihre Köpfe und in die Köpfe anderer. Wenn wir die Frage erweitern und fragen: «Ja, aber weshalb tun sie DAS?», so gibt es darauf im Grunde nur eine absurde Antwort. Die Menschen haben *das* schon immer getan, und eine bessere Frage wäre vielleicht: wo ist denn die Wissbegier der Alten hingekommen?

Wie man den Kopf ausdehnt, wenn man ihn einmal gefunden hat

Drogen sind eine Tatsache, und diese schlichte, schmucklose Tatsache ist für uns von besonderem Interesse, denn es ist der

51

Mensch, der die Drogen sowohl erfunden hat als sie auch einnimmt. Die Frage, was die Drogen repräsentieren, kann als weiteres Mittel dienen, um das trübe, unbekannte Phänomen zu erforschen, das im allgemeinen als menschlicher Geist bezeichnet wird.

Im wesentlichen ist der menschliche Geist eine Maschine – die zweite, die der Menschheit bekannt ist (die erste ist der Körper). Er ist die Maschine, von der wir am wenigsten wissen. Ein Wissenschaftler, der auf dem Gebiet der Neurophysiologie arbeitet, machte einmal die Bemerkung, es sei vielleicht bezeichnend für den Menschen, dass er vor dem Verständnis seines Geistes zu einem solchen seines Hinterteils gekommen ist.

Selbst die neuesten Forschungsergebnisse sagen uns lediglich, was der Geist tut, nicht warum und wie er es tut und wie diese unbekannten Faktoren kontrolliert werden können.

Wenn wir, wie wir das eben getan haben, die sozialen Triebfedern betrachten für das, was die jüngere Generation zu diesen inneren geistigen Exkursionen treibt, dann stellt die Existenz von Drogen ein Problem dar. Es gleicht demjenigen, das sich stellt, sobald man in die Chronologie von Ei und Huhn Licht bringen will. Was erzeugt was? Hat das Phänomen der Drogen ein Interesse für das Geistige erzeugt, den Aufschwung der ‹Neuen Psychologie› herbeigeführt? Oder hat die ‹Neue Psychologie›… Einige der Leute, die, als für dieses Buch Daten gesammelt wurden, interviewt wurden, haben beide Möglichkeiten in Betracht gezogen. Wollte man einen voreiligen Schluss ziehen, so wäre weder das Kücken noch das Ei zuerst dagewesen, weil beide gleichzeitig zuerst waren.

Wir wissen jedoch etwas besser über die Entstehung der zeitgenössischen Hühner Bescheid, da zweifellos feststeht, dass einem jeden von ihnen ein Ei vorangegangen ist. Alpha ist das Huhn, das aus den ‹Drogen› und ‹Neue Psychologie› genannten Eiern geschlüpft ist, und diese Eier waren natürlich ihrerseits gelegt worden, von einem Huhn, das den Namen Entfremdung und soziale Unruhe trägt.

So hat der Beitrag der Drogen und der ‹Neuen Psychologie› zum Thema Alpha darin bestanden, ihm eine energische Anhängerschaft zu verschaffen. Speziell bei den Drogen kommen jedoch ausserdem noch zwei weitere Faktoren in Betracht, welche diese Vereinigung zustandegebracht haben. Erstens hat man festgestellt, dass Menschen, die ein Alpha-Training durchmachen, Zustände der Euphorie und des allgemeinen Wohlgefühls erleben, die den Erfahrungen vieler Drogenbenützer gleichen. Und was immer auch dies über die Sache Alpha zu sagen hat, es kann nicht geleugnet werden, dass einige der neuen Anhänger auf ‹Kicks› aus sind. Da die Zustände der Euphorie und des sich Wohlbefindens wohlbekannte menschliche Bewusstseinszustände sind, kann es nicht unwissenschaftlich oder belanglos sein, ihre physiologischen Triebfedern zu untersuchen.

Der zweite, mehr philosophische Faktor betrifft die von Drogenbenützern öfters gemachten Berichte, wonach sie von ihren ‹High›-Erfahrungen mit einer vorher ungekannten Offenheit neuen Dingen gegenüber zurückkehren.

Eine junge Frau, die in San Francisco für die Einführung und den Gebrauch von Alpha-Geräten tätig ist, bringt ihre Verbundenheit mit Alpha in direkten Zusammenhang mit ihren früheren Drogenerfahrungen:

«Sie brachten mir zum Bewusstsein, dass Bewusstseinszustände, in denen man eine geistige und körperliche Ruhe erreichen kann, tatsächlich existieren. Und natürlich bin ich an den Methoden interessiert, mit denen man diese Dinge kontrollieren kann.»

Ironischerweise mag sich gerade die Quelle, aus der die populäre Unterstützung der Alpha-Forschung fliesst, zugleich als etwas Schädliches erweisen. Denn wenn durch die weitere Forschung leicht kontrollierbare, drogenähnliche Erfahrungen in Reichweite gerückt werden, so ist es nur allzu wahrscheinlich, dass Alpha um dieser Erfahrungen willen ausgebeutet wird. Zweifellos wird es zu einem solchen Zeitpunkt sehr sorgfältig überwacht werden, von denselben Leuten, die das LSD so genau unter die Lupe genommen haben, dass dagegen ein Gesetz verabschiedet werden konnte. Denn auch das LSD war genau wie Alpha, als es im Jahre 1938 entdeckt wurde, ein wissenschaftliches Novum, das aufregende Möglichkeiten in sich barg. Das war lange bevor Timothy Leary eine Menge psychologischer Forschung in Gang gebracht hatte. Das Gesetz gegen LSD war hauptsächlich auf die Annahme zurückzuführen, es erzeuge einen Geisteszustand, der demjenigen vieler Psychosen ähnlich ist – eine Annahme, die gegenwärtig wieder in Frage gestellt wird. Das Gesetz hatte in Wirklichkeit nur einen sehr geringen Einfluss auf den Gebrauch der Droge auf der Strasse, während es jedoch beinahe die gesamte wissenschaftliche Forschung lahmlegte. Den Benützern der Droge bleibt infolgedessen nur die Alternative, mit dem Gebrauch entweder in Ignoranz oder überhaupt nicht mehr fortzufahren.

Die Suche nach Gott

«Falls Gott nicht existierte, würde man ihn erfinden müssen.» Voltaire hat, als er diese Worte gesprochen hat, wohl kaum eine Zeit vorausgesehen, in welcher sie einem empirischen Test unterzogen würden. Das ist jedoch genau, was gegenwärtig zu geschehen scheint. Einer der vielen Faktoren, die diese Generation von den vorangegangenen unterscheidet ist die Tatsache, dass sie wahrscheinlich als erste Generation seit Jahrhunderten ohne einen Gott aufgewachsen ist.

Als fast das gesamte Spektrum der von der Gesellschaft überlieferten Werte verworfen wurde, sind zusammen mit der 40-Stunden-Woche auch die traditionellen Glaubensformen an den Strassenrand gedrängt worden. Die jüngere Generation stand vor dem Dilemma, entweder völlig ohne Glauben auszukommen oder einen Ersatz zu finden.

Wiederum müssen wir in eine Zeit vor den Tagen des Hare-Krishna zurückblenden, um uns in Erinnerung zu rufen, dass die Avant-Garde der neuen Generation, als die ganze Sache in den späten 50er und frühen 60er Jahren losgegangen ist, grösstenteils agnostisch eingestellt war – genau wie die meisten ihrer literarischen Helden und die damals populäre Philosophie des Existenzialismus. Natürlich war ein grosses religiöses Interesse vorhanden, aber es war auf die östlichen Religionen und die mit diesen verbundene östliche Philosophie ausgerichtet. Das Interesse an diesen Gebieten hat in den vergangenen zehn Jahren kaum wirklich abgenommen. Doch parallel dazu ist es auf anderen Gebieten, die damals unbekannt waren, zu einer grossen, beinahe unerklärlichen Expansion gekommen.

Die sich in der jüngsten Vergangenheit ereignende Geburt der Jugend-Bewegung – es sind kaum zehn Jahre her – steckt voller Ironien. Eine solche wurde zum Beispiel von einem Professor zum Ausdruck gebracht, der auf die unglaubliche Widersprüchlichkeit des Berkeley-Campus hinwies, eines Campus, der im allgemeinen als intellektuelle Spitze der Nation galt. Dennoch existiert ausgerechnet auf diesem Universitätsgelände eine Studentenschaft, die tief in metaphysischen Glaubensanschauungen, die nach Mittelalter riechen, verwurzelt ist.

Wenn man sich auf Berkeleys Telegraph Avenue trifft, so lautet die praktisch unvermeidliche Frage: «Was ist dein Sternzeichen?» Der plötzliche Aufschwung von Glaubensformen alter Zeiten beschränkt sich jedoch nicht nur auf Astrologie, sondern schliesst auch Tarot, Handlesekunde, I Ging und schwarze Magie ein. In Berkeley erkundigen sich einige Studenten, bevor sie sich zum Baby-Sitten bereiterklären, nach dem Sternzeichen des Kindes. Noch beunruhigender ist die Tatsache, dass bereits in vielen grösseren Städten der USA Hexensabbate veranstaltet werden.

Ein im *Newsweek* erschienener Artikel bietet für die Ausbreitung des Okkulten folgende Erklärung: «... bei denen, die sich tief ins Okkulte hineinbegeben, spielt dieselbe Suche nach einem Ankerplatz für die Gefühle mit, die viele andere Jugendliche zu den Drogen treibt.»

In einem gewissen Sinne scheint dieselbe antirationalistische Tendenz wieder aufzutauchen, die nach dem ersten Weltkrieg die dadaistische Kunstbewegung der 20er Jahre inspiriert hat.

Der protestantische Theologe Harvey Cox meint in *Senior Scholastic,* das «die moderne Gesellschaft die nicht-rationalistischen Dimensionen des Daseins ignoriert. Das Absurde, das Inspirierende, das Unheimliche, das Furchteinflössende, das Erschreckende, das Ekstatische – nichts von alldem passt in eine auf Produktivität und Effektivität ausgerichtete Gesellschaft.»

Die Erklärung von Cox scheint mit vielen Gefühlen übereinzustimmen, die von Jugendlichen zum Ausdruck gebracht werden. Als Antwort auf einen Leitartikel des *Times*-Magazins beschrieb ein 19jähriges Mädchen seine Ernüchterung über die Abkehr vom Pazifismus:

«Was sollen wir mit unserem Leben anfangen? Wie sollen wir die Aufgabe anpacken, die komplexen Probleme unserer Welt zu lösen? ‹Arbeitet mit dem System zusammen›, heisst es, ‹ihr seid gesund und kräftig.›

Es kommt eine Zeit, in der die reine Frustration in ihrer ganzen Hässlichkeit hervorbricht. Man schleudert eine Flasche und fühlt sich wohl dabei. Man sagt ‹Sch…› und fühlt sich wohl dabei. Falls du es nicht ändern kannst, spreng es in die Luft. Es wird zu einer sehr persönlichen und unlogischen Angelegenheit.»

Ein anderer vom *Senior Scholastic* angeführter Student meint: «Es wäre mir lieber, meine Zukunft würde von den Sternen oder vom Fall der Karten bestimmt. Diese Dinge würden Kräfte repräsentieren, die mich in weit höherem Grade etwas angehen als das Aushebungsbüro oder das Pentagon.»

Ein anderer meint: «Wozu das I Ging gebrauchen in einer Welt, in der es einen IBM-360-Computer gibt? Die Antwort ist leicht. Man kann den 360 nicht verstehen, und man hat keine grosse Kontrolle über ihn. Das I Ging sagt, dass es Kräfte gibt, die stärker sind als der 360, Kräfte, die *jeder* verwenden kann, um das eigene Leben zu kontrollieren.»

Natürlich haben sowohl die Astrologie wie auch das Okkulte seit ihrer Geburt vor langer Zeit beide kurze Popularitäts-Aufschwünge erlebt. Aber wie dasselbe Magazin bemerkt, hat «niemals zuvor in der Geschichte eine einzelne Gesellschaft ein derart weites Spektrum religiöser und religionsähnlicher Systeme gleichzeitig in sich aufgenommen.»

Wenn wir herausfinden wollen, wo das alles angefangen hat, können wir uns in Jakob Needlemans Buch *Die Neuen Religionen* nach einer Antwort umsehen. Needlemans Finger weist klar und deutlich auf den Staat Kalifornien. Hier gab es die ersten Kaffeehäuser, die ersten Drogen, und hier hat der Krieg der Generationen angefangen. Needleman ist der Ansicht, dass Kalifornien der natürliche Geburtsort alles Neuen, Ungewohnten oder schlichtweg Absonderlichen ist. «Dieser Aspekt von Kalifornien beschränkt sich natürlich nicht nur auf das religiöse Gebiet; er kommt ebensosehr in der Politik, bei den Ernährungsgewohnheiten, im sexuellen Verhalten, in der Art der Bekleidung, der Erziehung und den Heilmethoden zum Ausdruck – wahrscheinlich hat jeder abwegige oder extreme Aspekt menschlichen Verhaltens hier seinen Stammplatz.» Needleman kommt zu folgendem Schluss: «Mitten in der offensichtlich absurden und grotesken Szenerie will hier etwas Neues geboren werden.»

Das Interesse am östlichen Glauben hat unter der Jugend vor allem hier in Kalifornien fortgeblüht. Wenn wir diesen Glauben etwas näher betrachten, stossen wir auf merkwürdige Elemente, die anscheinend sehr viel darüber aussagen, in welche Richtung sich diese Generation bewegt hat und in welche sie von hier aus vermutlich gehen wird.

Needleman meint, dass ein Hauptunterschied zwischen den jüdisch-christlichen und den asiatischen Lehren darin besteht, wie sie sich zur Frage ihrer Anhänger – was schaut für mich heraus? – stellen. Die jüdisch-christliche Belohnung, sagt er, ist Glück, während es in den asiatischen Lehren die Befreiung vom Leiden ist.

Und an dieser Stelle passen die einzelnen Bestandteile fast auf unheimliche Weise zusammen. Ausdrücke wie ‹Erlösung vom Leiden› entsprechen nicht nur den Erfahrungen der buddhistischen Zen-Mönche, sie weisen auch grosse Ähnlichkeit mit zeitgenössischen Berichten von Drogenerfahrungen auf. Ein anderes Gebiet, für das dieselben Erfahrungen zutreffen mögen, ist Alpha.

Alpha scheint weitauseinanderliegende Gebiete auf eine seltsame Weise miteinander zu verknüpfen. Die Wege von Wissenschaft und Religion beispielsweise schienen sich für lange Zeit in praktisch entgegengesetzte Richtungen zu bewegen. Sie mussten einander fast ausschliessen. Die innere Kontrolle, auf die sich die Zen-Meister berufen, war von der Wissenschaft lange Zeit als Unmöglichkeit gebrandmarkt, und doch ist sie inzwischen als Tatsache erwiesen worden. Und so wie einerseits Alpha-Schüler während der Alpha-Wellen-Kontrolle das Auftreten Zen-ähnlicher Zustände feststellten, so haben andererseits Alpha-Forscher die beachtenswerte Entdeckung gemacht, dass Zen-Meister, die sich der Forschung zur Verfügung gestellt haben, fast von selbst eine höhere Alpha-Wellen-Leistung zu erzielen scheinen. Dies könnte darauf hinweisen, dass ein Phänomen, das im Westen lediglich als eine Art von religiösem Ritualismus betrachtet wird, schliesslich doch auf einer festen wissenschaftlichen Basis ruht. Schon diese Entdeckung allein ist erschütternd; wohin die Alpha-Forschung auch immer führen wird, es besteht alle Aussicht, dass sie zu etwas ähnlich Erschütterndem führen wird.

* * *

Alpha ist eine Maschine, aber eine Maschine, die dem Menschen eine grössere Kontrolle und ein besseres Verständnis einer anderen Maschine – nämlich seiner selbst – in Aussicht stellt. Und in gewissem Sinne klingt das fast wie die Erfüllung einer Prophezeiung, die Arthur C. Clarke in *Eine neue Zeit bricht an* macht, die Prophezeiung, der Mensch und die Maschine würden eines Tages zu einem einzigen Wesen verschmolzen sein.

4
Eine Frage von Leben und Tod

Ein englischer Journalist stellt bei Untersuchungen über die Gesundheit von Hinterbliebenen-Familien fest, dass während der Trauerzeit physische Beschwerden oft vor spirituellen Fragen den Vorrang haben. Die Zahl der Londoner Witwen, die mit physischen Symptomen zum Arzt gehen, ist sechsmal höher als die Zahl derer, die in den auf den Tod des Gatten folgenden sechs Monaten ihren Geistlichen aufsuchen. Für betagte Witwer ist das Problem sogar noch grösser. Nach dem Verlust ihrer Gattinnen weisen sie – verglichen mit verheirateten Männern desselben Alters – eine um 50% hochschnellende Herzkrankheits-Ziffer auf. Der Journalist kommt zum Schluss, dass man tatsächlich an einem gebrochenen Herzen sterben kann.

* * *

Eine ähnliche wissenschaftliche Untersuchung zeigt, dass in dem Jahr, das auf den Tod eines Familienmitgliedes folgt, eine – verglichen mit einer Familie ohne Todesfall – siebenmal grössere Wahrscheinlichkeit besteht, dass ein weiterer Familienangehöriger sterben wird.
Ein Anthropologe berichtet, dass ein Voodoo-Tod eintreten kann. Wenn ein Stammesmitglied das Gefühl bekommt, verflucht worden zu sein oder ein wichtiges Tabu gebrochen zu haben, so kann es innerhalb kurzer Zeit und anscheinend ohne physische Ursachen sterben.

* * *

Diese Berichte werden zur Zeit im wissenschaftlichen Lager als Beweise dafür angesehen, dass unsere Gefühle unsere Gesundheit in einem solchen Grad beeinflussen können, dass sie uns sogar töten können. Doch jahrelang sind die Berichte von mysteriösen Todesfällen von Labor-Forschern ausgeklammert worden, da sie als unerklärlich galten. Man kann das Herz nicht willkürlich zum Stillstand bringen, erklärten sie, und wer dies bezweifelte, wurde zu einem Versuch aufgefordert. Experten, die sich mit dem Problem des Selbstmords befassen, beobachten, wie oft der Versuch, sich umzubringen, fehlschlägt. Diejenigen, die wirklich sterben wollen, sehen ein, dass sie das Wollen aufgeben und viel Überlegung und Mühe auf die konventionellen Methoden, sich umzubringen, verwenden müssen. Das Sterben wird einem nicht leicht gemacht. All das hat etwas Beruhigendes an sich. Denn, obwohl die Wissenschaft schon seit Jahren behauptet, dass *Geist* und *Körper* keine getrennten Entitäten seien, sondern nur verschiedene Ausblicke auf dieselben fundamentalen Prozesse bieten, fahren die meisten von uns mit den gleichen alten Gedankengewohnheiten fort. Wir können feststellen, dass unsere Gedanken oft launisch, extrem und unverantwortbar sind. Der Gedanke, dass die Physiologie als wirkliche Lebenssubstanz ihre Arbeit ungeachtet dessen, was sich in unseren unberechenbaren Köpfen abspielt, fortsetzt, hat etwas Beruhigendes an sich. Die Kluft zwischen Körper und Geist wird jedoch schrittweise geschlossen, vor allem dank des Beweismaterials, das auf drei miteinander in Beziehung stehenden Forschungsgebieten gesammelt wird.

Da wäre zunächst die klinische Erforschung von psychosomatischen Krankheiten anzuführen, die einen stetig wachsenden Fonds von Informationen aufweist, welche auf die bedeutsame Rolle hindeuten, die Gefühlsfaktoren bei psychosomatischen Krankheiten spielen. Psychosomatische Leiden sind, im Unterschied zu hypochondrischen Beschwerden, wirkliche Krankheiten, die Schmerz und sogar den Tod verursachen können.

Einige Arten von hohem Blutdruck, von Geschwüren und Asthma werden gewöhnlich als Beispiele genannt. Allgemeiner Stress, gewohnheitsmässige Angst- oder Zorn-Zustände gelten schon lange als Faktoren, die bei der Auslösung dieser Krankheiten eine Rolle spielen. In jüngster Zeit ist sogar der Eindruck entstanden, dass selbst Infektionskrankheiten in entscheidender Weise von unserem Gefühlsleben beeinflusst werden. Obwohl die Mechanismen noch nicht genau bekannt sind, mögen uns Situationen, die Gefühle der Hilflosigkeit und der Frustration hervorrufen, für Mikroben und Viren empfänglicher machen.

Ein zweites Gebiet stellt die sorgfältige Dokumentation von unerklärlichen Todesfällen dar – wir haben zu Beginn dieses Kapitels einige davon angeführt –, durch welche Volkslegenden und Ärzteanekdoten eine echte Bestätigung erhalten. Sobald diese Informationen einmal von ausgebildeten Forschern zusammengetragen waren, stand die Wissenschaft vor der Wahl, entweder zu glauben, dass ein Voodoo-Fluch tatsächlich töten kann oder dass der Geisteszustand eines Individuums, das glaubt, verflucht worden zu sein, genügt, um die unwillkürlichen Prozesse, die das Leben unseres Körpers regulieren, irgendwie zu unterbrechen. Die allgemeine Ansicht scheint zu sein, dass solche Prozesse unter bestimmten Umständen von Gefühlen verändert werden können. Dies wird gegenwärtig im Laboratorium demonstriert. Wenn man wilde norwegische Ratten in die entsprechende experimentelle Situation versetzt, dann sterben sie, anscheinend als Reaktion auf Gefühle der Hoffnungslosigkeit.

Das dritte Gebiet ist das sich erst seit kurzer Zeit entfaltende Biofeedback-Training, von dem das Alpha-Training nur ein kleiner Teil ist. Es stellt sich heraus, dass wir schliesslich doch in die Lage kommen können, unseren Herzschlag unter gewissen Bedingungen anzuhalten.

Es besteht Grund zur Annahme, dass wir eines Tages grosse Vorteile erzielen werden, indem wir für die Regulierung unserer Lebensprozesse selbst die Verantwortung auf uns zu nehmen lernen.

Hier stellt das Biofeedback-Training die aufreizende Möglichkeit in Aussicht, dass wir uns eine neue Dimension der Flexibilität und der Kontrolle über unseren Körper erschliessen. Dadurch werden wir vermutlich dem Schmerz und den verschiedenen physischen und emotionellen Krankheiten mit viel grösserer Wirksamkeit begegnen können. Vielleicht werden wir imstande sein, das Leiden und den Tod von der Stelle, an der sie uns bedrängen, um einen guten Schritt zurückzudrängen. Es besteht alle Aussicht, dass wir mehr als je zuvor aus unserem Leben herausholen können. Das ist die Zaubervision, die Hunderte von Forschern in einer Art Goldrausch zu den Biofeedback-Möglichkeiten getrieben hat. Kaum verwunderlich.

Nach dieser aufrührerischen Einführung mag ein Wort der Vorsicht am Platze sein. Die eben erwähnten Möglichkeiten scheinen eine ernsthafte Forschungsarbeit zu verdienen. Doch für den Wissenschaftler ist eine Möglichkeit genau eine Möglichkeit und nicht mehr. Er kennt das tief menschliche Bedürfnis, anstelle der Wirklichkeit unsere Wünsche zu setzen. Wenn er von dramatischen und revolutionären Druchbrüchen vernimmt, verdoppeln sich bei ihm Skepsis und Vorsicht. Wir täten gut daran, uns seinem Beispiel anzuschliessen. Wenn man andererseits einmal erkannt hat, dass es über die Zukunft keine Versprechen geben kann, dann besteht kein Grund, weshalb man sich nicht von einer in Aussicht stehenden ganz neuen Ära der menschlichen Entdeckungen begeistern lassen soll. Der grösste Teil dieser Forschung wird von Ihren Steuern und Beiträgen finanziert. Sie haben den Eintritt bezahlt, und nun können Sie sich die Show ja auch ansehen.

Eines der Hauptobjekte der Pioniere der Biofeedback-Forschung war bisher das Kreislaufsystem. Dies hat mindestens zum Teil seinen Grund in der Tatsache, dass Kreislaufstörungen wie Herzversagen oder Schlaganfall beim heutigen Menschen zu den Hauptursachen von Krankheiten und Todesfällen gehören. Die Blutdruckkontrolle kann auf diese wie auch auf viele andere Störungen einen bedeutenden Einfluss haben. Ein Blick auf die jüngsten Forschungsergebnisse wird uns eine Vorstellung davon vermitteln, wie weit wir es in dieser Richtung gebracht haben. Viele der vorgelegten Ergebnisse stehen im Zusammenhang mit Tierexperimenten. Gewöhnlich wird ja auf jedem neuen Gebiet die Vorarbeit mit Tieren vorgenommen, bevor man dazu übergeht, menschliche Versuchspersonen zu verwenden – sowohl aus Gründen der Sicherheit als auch der Bequemlichkeit.

Eine Gruppe von Ratten wurde belohnt, jedesmal wenn sich die Blutgefässe im Schwanz (eine günstige Stelle, um bei einer Ratte den Blutdruck zu messen) verengten, während eine andere Gruppe für deren Ausweitung belohnt wurde. Beide Gruppen lernten über diese Funktionen, die für lange Zeit als völlig unwillkürlich galten, eine zuverlässige Kontrolle auszuüben. Bei dieser Gelegenheit wurde eine möglicherweise nützliche Nebenentdeckung gemacht, nämlich, dass auch die Körpertemperatur durch dieses Verfahren verändert werden konnte. Ein ähnliches Experiment mit College-Studenten (diesmal wurde zum Messen der Finger genommen) zeigte, dass menschliche Versuchsobjekte ebenfalls lernen können, nach entsprechendem Training die Grösse ihrer Blutgefässe zu bestimmen.

Die kleinen, auf diesem Gebiet gemachten Anfänge tragen den Keim einer stetig wachsenden Bedeutung in sich, die bereits die Phantasie eines manchen Forschers gefangengenommen hat. Blühende Krebs-Zellen dehnen sich genau mit Hilfe der Nahrung aus, die sie dem Organismus, welchen sie zerstören, entziehen. Dieselben Blutgefässe, die Nahrung und Sauerstoff zu den gesunden Zellen befördern, ernähren auch den Krankheitsprozess. Man hat jedoch die

Vermutung geäussert, dass es mit Hilfe einer ausreichenden selektiven Kontrolle über den Blutdruck möglich wäre, Tumor-Geschwüre ohne chirurgischen Eingriff, schädliche Strahlung oder starke Drogen auszuhungern und abzutöten. Die meisten modernen Behandlungsmethoden, die stark genug sind, um Krebszellen abzutöten, werden auch gesundes Gewebe beschädigen oder unangenehme Nebeneffekte erzeugen. Eines Tages wird es vielleicht möglich sein, dem Körper selbst beizubringen, ein wütendes Krebsgeschwür durch Verschliessen der Ernährungsarterien und ein Abwürgen der Blutzufuhr auszustossen.

Verschiedene Experimente haben gezeigt, dass Ratten beigebracht werden kann, den Puls um nicht weniger als 20 Prozent zu beschleunigen oder zu verlangsamen. Die veränderte Pulsgeschwindigkeiten, mit denen ihre Herzen schlugen, konnten ganze drei Monate ohne weiteres Training aufrechterhalten werden. Im Zusammenhang mit einer dieser Studien wurde eine sehr interessante Entdeckung gemacht, nämlich, dass diejenigen Ratten, welchen beigebracht wurde, den Puls zu erhöhen, bei späteren Experimenten gewisse Aufgaben nur mit Mühe bewältigen konnten, während diejenigen, welchen beigebracht wurde, den Puls zu senken, später keine Lernschwierigkeiten hatten. Dieses Ergebnis legt die Vermutung nahe, dass eine Veränderung der Puls-Geschwindigkeit die Gefühlsreaktion auf bestimmte neue Situationen sowie auch die Lernbereitschaft beeinflussen kann. Wollen wir der Forschung für einen Augenblick vorauseilen, so lässt sich einsehen, dass der moderne Mensch dadurch, dass er sich in einer hoch-pulsigen Spannung hält, nicht nur seine physische und emotionelle Gesundheit belastet, sondern möglicherweise auch seine geistige Bereitschaft, mit neuen Situationen fertig zu werden, begrenzt.

Bei Versuchen, Ratten das Heben und Senken des Blutdrucks um durchschnittlich zwanzig Prozent beizubringen, sind ziemlich erfolgreiche Resultate erzielt worden. Dies wurde auf eine selektive Weise erreicht, ohne jegliche Veränderung von Puls oder Bluttemperatur, und daraus scheint hervorzugehen, dass mit Hilfe des Biofeedback-Trainings ganz spezifische Körperprozesse, in manchen Fällen sogar ohne eine Beeinträchtigung benachbarter Systeme, verändert werden können. Das scheint gegenüber vielen heute üblichen Arztbehandlungen ein Vorteil zu sein. Auch menschliche Versuchsobjekte haben mittels Biofeedback den Blutdruck zu kontrollieren gelernt und dabei schon in einem einzigen Durchgang bedeutende Resultate erzielt.

Das System des Blutkreislaufs ist nicht die einzige Funktion, die untersucht wird. Die meisten Menschen haben die Tendenz, auf alle möglichen Notlagen mit den gleichen körperlichen Symptomen zu antworten, und dies immer und immer wieder während des grössten Teils, wenn nicht sogar während ihres gesamten Lebens. Einige von uns reagieren auf Stress mit Hautproblemen, andere mit Kreislaufstörungen, Darm- oder Magenbeschwerden oder Kopfschmerzen, Energieverlust usw. Das sind keine Reaktionen der Anpassung. Das heisst, sie tragen nichts zur Lösung der Schwierigkeiten bei, die uns bedrücken, sie verschlechtern die Lage nur, indem sie uns auch noch krank machen. (Das Kranksein liefert uns manchmal einen Vorwand, uns von unseren Problemen zurückzuziehen, doch dadurch wird selten etwas gelöst.) Es ist nicht klar, ob wir solche Reaktionsformen in der Kindheit gelernt haben oder ob sie eine angeborene Tendenz darstellen, auf eine bestimmte biologische Weise zu reagieren. Aber auf jeden Fall benötigen wir sie nicht, und das Biofeedback mag uns dabei helfen, sie zu modifizieren.

Zum Beispiel hat man nun Ratten darauf trainiert, die Kontraktionen des Dickdarms sowohl zu verstärken wie auch abzuschwächen. Das mag für Leute, die an Dickdarmkatarrh leiden, etwas Vielversprechendes sein. Die Dickdarmreizung kann bei Menschen zu Durchfall, Gewichtsverlust, Rektal-Blutung und unter Umständen sogar zum Tod führen. Trotz der Schwierigkeiten, die die moderne Medizin hatte, bis sie diese Störung unter Kontrolle hatte, bestehen Anzeichen dafür, dass bei Menschen eine direkte Kontrolle möglich ist. Einige Yoga-Experten aus dem Osten haben behauptet, Darmfunktionen beherrschen zu können. Es wird von Yoga-Meistern berichtet, die gelernt haben sollen, ihren Schliessmuskel derart zu entspannen, dass sie die normale Fliessrichtung umkehren und durch Anus und Penis Wasser in den Darm oder in die Blase hinaufsaugen können.

Zwei weitere Tieruntersuchungen sind von Interesse, denn sie bezeugen, bis zu welch bemerkenswertem Grad Biofeed-Techniken eine Kontrolle erlauben. Man hat zwei Gruppen von Ratten gegensätzliche Aufgaben gestellt. Die eine wurde für die Beschleunigung der Urinbildung belohnt, die andere für die Verlangsamung derselben. Jede Gruppe lernt die Geschwindigkeit der Urinbildung in der Richtung zu modifizieren, aus der die Belohnung kam. Ähnliche Resultate wurden bei einem Experiment erzielt, bei welchem man Hunde für die Vermehrung resp. Verminderung der Speichel-Produktion belohnte. Das wurde nicht mit Hilfe einer klassischen Pavlovschen Methode erreicht, die damit anzufangen pflegt, dass einem hungrigen Hund Futter hingestellt wird; vielmehr verwendete man eine Biofeedback-Schlaufe, wodurch die Speicheldrüsen direkt trainiert werden konnten.

Die neuen Methoden bleiben nicht auf Fragen der Gesundheit beschränkt. Es sind mit Biofeedback-Methoden beispielsweise auch schon Leseschwierigkeiten behandelt worden. Einer der Faktoren, der die Lesegeschwindigkeit bedeutend verringert, ist die Subvokalisierung. Die meisten Leute sprechen während des Lesens Wörter aus, selbst wenn sie schweigend und für sich selbst lesen. Auch wenn weder Laut noch Bewegung zu beobachten sind, zeigt eine elektronische Messung des Muskelpotentials in der Kehle, dass die Wörter lautlos ausgesprochen werden. Man nimmt an, dass die Gewohnheit aus den ersten Schuljahren stammt, als das Laut-Lesen geübt wurde, und dass sich die Geschwindigkeit der Augenbewegungen aus diesem Grunde der langsameren Geschwindigkeit, mit der wir sprechen, anpasst. Diese Gewohnheit konnte mit Erfolg eliminiert werden, indem der Leser über die Menge der Bewegung, die sich während des Lesens in seinem Kehlkopf abspielte, Biofeedback erhielt, so dass er mit diesen Bewegungen aufhören konnte. Bei jeder Aktivierung seiner Kehlkopfmuskeln ertönte ein unangenehmes Geräusch, während er dagegen in aller Ruhe lesen konnte, wenn diese Muskeln entspannt bleiben. Es wurden ziemlich schnelle Fortschritte erzielt, und die Lesegeschwindigkeit verbesserte sich in einem bemerkenswerten Masse.

Lern- und Verhaltensschwierigkeiten bei geistesgestörten Kindern mögen ebenfalls auf ein Biofeedback-Training ansprechen. Angie Nall, die Rektorin der Angie Nall School in Beaumont, Texas, arbeitet mit Kindern von durchschnittlicher oder überdurchschnittlicher Intelligenz, die trotzdem Lernschwierigkeiten haben. Da man vermutet, dass intelligente, hyperaktive Kinder mit Lernschwierigkeiten wahrscheinlich gewisse Hirnschäden haben, lässt Angie Nall nach eingeholter Erlaubnis von ihren Kindern in regelmässigen Zeit-abständen EEG-Aufzeichnungen machen. Eine Untersuchung dieser Aufzeichnungen ergab einen Zusammenhang zwischen dem Unver-mögen, sich auf die Schularbeit zu konzentrieren, und dem Feh-len eines klaren Alpha-Musters. Um diesen offenbaren Mangel zu beheben, gab Nall einer Gruppe dieser Kinder während eines Monats und für nur eine halbe Stunde wöchentlich Alpha-Training.

Die Ergebnisse überzeugten sie davon, dass Alpha-Training für diese Kinder eine Hilfe sein könnte. Ein besonders überaktiver Junge zeigte eine dramatische Verbesserung, ebenso ein anderes Kind, das stotterte. Nall fährt mit den Experimenten an ihrer Schule fort und hofft auch, dass das Alpha-Training wenigstens teilweise die Beruhi-gungspillen und Amphetamine ersetzen werde, die man solchen Kindern normalerweise gibt, um sie zu beruhigen und ihnen die Konzentration zu erleichtern.

Das Entspannungs-Training mag eines der Gebiete sein, auf denen sich Feedback am wirksamsten und wertvollsten erweist. Muskel-Spannung ruft elektrische Signale hervor, die sogar noch stärker und klarer als die Gehirnwellen sind, und der gleiche Ge-rätetyp muss nur leicht modifiziert werden, um entsprechend der Art, wie die Elektroden befestigt werden, entweder das eine oder das andere anzugeben. Wir können von Glück reden, dass sich Muskelspannung nun so leicht feststellen lässt. Eine ganze Reihe von Beschwerden, unter denen die Menschen heute leiden, sind in erster Linie selbstaktivierte Krankheiten, was auch auf die folgende Weise ausgedrückt werden kann: wir sind dauernd auf der Hut vor Katastrophen, die nie eintreffen. Oder wir sind auf die tatsächlich eintreffenden Probleme ‹zu sehr› eingestellt und deshalb zu gespannt, um ihnen wirksam begegnen zu können.

Muskel-Spannung ist Arbeit und sie verbrennt Energie. Ist die Spannung unnötig, dann heisst das, die entsprechende Menge Lebensenergie zu verschwenden. Wir alle wissen, was für ein Gefühl man hat, wenn man einige Zeit in einer langweiligen, ärgerlichen oder beängstigenden Situation verbringen muss, und dass man – selbst wenn man nichts anderes getan hat als einfach dazusitzen – am Ende mehr erschöpft ist, als wenn man unter angenehmeren Umständen hart gearbeitet hätte. Dieselbe Energie hätte für physi-sche, emotionelle oder intellektuelle Produktivität aufgespart werden können, wenn wir imstande gewesen wären, uns in einer derartigen Situation zu entspannen.

Doch eine der Schwierigkeiten beim Versuch, sich zu entspannen, besteht darin, zu wissen, wenn man gespannt ist. Wir haben die Tendenz, uns an gleichbleibende Sinnesreize wie z. B. schlechte Gerüche oder laute Geräusche zu gewöhnen und uns ihnen anzupassen und sie gar nicht mehr wahrzunehmen. Menschen, die gewohnheitsmässig gespannt sind, bemerken dies gewöhnlich weniger als diejenigen, die sie umgeben und die sehen können, wie sie sitzen, stehen und gehen. Man fordere einen solchen Menschen auf, sich zu entspannen, und man bekommt wahrscheinlich die verärgerte Antwort zu hören: «Ich bin doch entspannt!» Obwohl es einige ausgezeichnete Entspannungs-Methoden gibt, und obwohl das Wohlbefinden und die Gesundheit vieler Menschen von einem derartigen Training ausserordentlich viel profitieren könnte, werden solche Behandlungen aus diesem Grund nur selten verordnet. Sich willkürlich entspannen zu können erfordert, dass man sich fein darauf einzustellen lernt, wann und wo man gespannt ist. Das ist ein Bewusstwerdungsprozess, den die meisten Leute in verschiedenem Grade herausfiltern. Um wirkliche Fortschritte zu machen, benötigen wir Feedback, und bis heute hiess das einfach, wir benötigen einen geschulten oder äusserst erfahrenen Beobachter.

Die Feedback-Geräte werden diese Lücke wahrscheinlich füllen. Nach minimalem oder gar keinem Training können Sie eines dieser Geräte nach Hause nehmen und üben, so viel Sie wollen. Richtig eingestellt kann ein solches Gerät empfindlicher sein als der bestausgebildetste menschliche Beobachter. Manche Menschen mögen zwar immer noch von Zeit zu Zeit der Aufsicht eines Entspannungs-Therapeuten bedürfen, doch sollte die Zahl derer, die ein solcher Therapeut zu behandeln hätte, rapid abnehmen, und auch die Behandlungskosten sollten sich spürbar senken.

Entspannungs-Training kann für bestimmte Arten von Psychotherapie eine wertvolle Hilfe oder sogar ein Ersatz sein. Einige Behandlungsmethoden machen sich bereits die Tatsache zunutze, dass man nicht zur selben Zeit entspannt und ängstlich sein kann. Phobien (irrationale Ängste), Impotenz, Frigidität sowie gewisse Lern-Blockaden sind Beispiele von Störungen, die sich aus Angst- und Spannungszuständen ergeben.

Ein Zustand der allgemeinen Entspannung mag genügen, um viele dieser Schwierigkeiten zu beheben. Dies kann sich bei vielen Menschen einfach als Nebenprodukt des Alpha-Trainings einstellen. Die Verbindung, die zwischen erhöhter Alpha-Produktion und Entspannung besteht, ist von den Berichten der Versuchspersonen von Alpha-Experimenten zur Genüge bestätigt worden. Es gibt jedoch noch keinen wissenschaftlichen Beweis dafür, ob dies eine wirksame Technik zur Behandlung von Spannungs-Störungen ist.

Für diejenigen, die in kürzester Zeit die direkteste Entspannung brauchen, und die sich nicht den Luxus leisten können, mit den Ergebnissen des Gehirnwellen-Trainings zu experimentieren, besteht noch eine weitere Möglichkeit. Der *Frontalis* genannte Muskel, der sich zwischen den Augenbrauen befindet, hat sich als guter Massstab für die allgemeine Höhe der Muskelspannung im ganzen Körper erwiesen. Ist er entspannt, so neigen auch Sie zur Entspannung. Ist er angespannt, dann erscheinen auf der Stirne die wohlbekannten Sorgenfalten. Werden an dieser Stelle Elektroden befestigt, so erhält man über den Erfolg der eigenen Entspannungsversuche einen brauchbaren Feedback.

Bei Opfern von Spannungsstörungen wie zu hohem Blutdruck und chronischem Darmkatarrh ist eine bemerkenswerte Entspannungsunfähigkeit festgestellt worden. Man hat sie jedoch mit Erfolg darin geschult, und sie waren nach einer solchen Unterweisung imstande, sich gründlicher zu entspannen, als das beim Durchschnitt einer Gruppe von normalen ungeschulten Versuchspersonen der Fall ist.

Spannung und Schmerz bilden einen Teufelskreis. Der Körper reagiert auf Schmerz instinktiv mit einem Spannungszustand. Erhöhte Spannung scheint andererseits wiederum den Schmerz zu erhöhen, wobei sie auch die Heilung von bestimmten Verletzungen, die Ruhe brauchen, verzögert. Einer Gruppe von Patienten mit verletztem Trapezmuskel (ein Rücken- und Halsmuskel) wurde Entspannungs-Training gegeben, gemeinsam mit einigen gesunden Versuchspersonen. Die Mitglieder der einen Gruppe erhielten nur soviel Feedback, wie sie selbst aus der Empfindung ihrer eigenen Muskeln entnehmen konnten. Die Mitglieder einer anderen Gruppe waren an ein Biofeedback-Gerät angeschlossen, das die myoelektrische Aktivität (elektrische Muskelspannung) zurückmeldete. Das aus diesem

Apparat stammende Feedback sorgte bei all denen, die es erhielten, für eine bedeutende Verbesserung, und obwohl es der Gruppe der Verletzten anfangs viel schwerer fiel, sich zu entspannen, konnten sie in nur einer Trainings-Runde dieses Experiments denselben Entspannungsgrad wie die gesunden Versuchspersonen erreichen. Diese Art Fortschritt ist äusserst ermutigend.

Ebenfalls Erfolg hatte man mit einer doppelten Biofeedback-Attacke auf Schlaflosigkeit. Unter Schlaflosigkeit leidende Versuchspersonen wurden zuerst an Geräte angeschlossen, welche ihre Muskelspannung registrieren und zurückmelden. Diese Information erlaubte ihnen, ihre Körper innerhalb kurzer Zeit willkürlich entspannen zu lernen. Anschliessend wurden ihnen die Elektroden eines EEG-Geräts an der Kopfhaut befestigt, worauf sie jedesmal, wenn sie die Produktion der langsamen Gehirn-Wellen erhöhten, die mit dem Einschlafen im Zusammenhang stehen, ein Signal erhielten. Menschen, die einst bis zu vier Stunden brauchten, um einzuschlafen, fielen bald während einer einzigen 20minütigen Trainings-Runde zweimal hintereinander in Schlaf.

Aus verständlichen Gründen ist unter anderem auch die amerikanische Marine am Wert von Alpha und den Entspannungs-Zuständen interessiert. Psychologen erforschen die Möglichkeit, ob ein seines Schlafs beraubter Mensch in einen wachen und tatkräftigen Zustand zurückkehren könnte, nachdem er sich eine Zeitlang in einen Alpha-Zustand versetzt hatte. Falls diese Möglichkeit bejaht werden kann, würden Soldaten, die diese Technik beherrschten, ihren Truppen im Kampf oder in Notsituationen entscheidend beistehen können. Wenn der Feind durch die Müdigkeit geschwächt würde, könnte sich der auf Biofeedback geschulte Soldat in kurzer Zeit im Alpha-Zustand erholen und dann auf seinen Posten zurückkehren. Einige bereits geleisteten Vorarbeiten scheinen die Möglichkeit, dass Alpha-Zustände in dieser Art von Nutzen sein könnten, zu bestätigen.

Es ist natürlich anzunehmen, dass jede grössere Industrienation mit ähnlichen Forschungen beschäftigt ist oder es zumindest bald sein wird. Hinter dem eisernen Vorhang ist bereits ein dicker Band über Gehirnwellen-Forschung veröffentlicht worden, und dies repräsentiert – genau wie die von uns veröffentlichte Forschung – lediglich ein Bruchteil der bisher geleisteten Arbeit, die noch nicht klassifiziert ist. Wir können über die Art der in diesem und in anderen Ländern betriebenen Geheim-Forschung nur Vermutungen anstellen.

Auch Kopfschmerzen scheinen einem mehrfrontigen Angriff zu weichen. Obwohl sie viele Ursachen haben, lassen sich die am häufigsten auftretenden Arten im allgemeinen in zwei Gruppen einteilen: Spannungskopfschmerzen und Migräne. Spannungskopfschmerzen haben in einigen Fällen ziemlich schnell auf Entspannungs-Training angesprochen. Migränen, deren Schmerzeffekt von den klopfenden Blutgefässen im Kopfinnern herrührt, scheinen sich bei einem allgemeinen Entspannungstraining etwas zu verringern, um so mehr, wenn zur Entspannung noch eine mittels Feedback trainierte Kontrolle des Blutdrucks oder der Blutgefäss-Verengung hinzukommt.

Diese Alltags-Krankheiten haben die Amerikaner dazu geführt, jährlich Millionen von Pillen zu konsumieren, Stunden und Tage leidend zu verbringen und sich in ihrem eigenen Körper gefangen und hilflos zu fühlen. Falls es gelingt, eine derart fundamentale Erfahrung zu verändern, würde dadurch wahrscheinlich auch unsere Einstellung uns selbst und unseren Funktionen gegenüber beeinflusst, und die Folgen davon würden sich in der gesamten Gesellschaft bemerkbar machen. Die Hersteller von Patent-Heilmitteln und rezeptfreien Drogen sehen dem vielleicht nur ungern zu, doch die Amerikaner mögen es dennoch dahin bringen, einen grossen Teil von Krankheiten als ein Zeichen dafür anzusehen, dass sie Mühe haben, mit einer bestimmten Seite ihres Lebens fertig zu werden. Dann wäre die Antwort nicht mehr einfach, eine Pille zu schlucken, um Symptome wegzuschaffen, sondern herauszufinden, wie man mit Stress-Situationen wirksamer umgehen kann. Wer nicht tanzen kann, besorgt sich jemanden, der es ihm beibringt. Wer Kopfschmerzen hat, weil er sich nicht entspannen kann, für den mag dieselbe Methode brauchbar sein.

Dadurch wird dem Patienten selbst mehr Verantwortung auferlegt. Statt sich zu einem Arzt oder Drogisten zu begeben, so wie er bei einer Panne den Wagen zu einem Mechaniker bringt, statt zu sagen: «Repariere mich!», sagt er nun vielleicht «Unterweise mich!» Die Vorteile sind sehr zahlreich. Es ist Ärzten schon seit längerer Zeit bekannt, dass ein grösserer Teil von Patienten-Beschwerden irgendwelche emotionellen Ursachen haben. Da sie das erkennen, geben sie den Patienten oft beratende Vorschriften (welche ebensooft einfach unbefolgt bleiben), wie sie mit ihren Pillen umgehen sollen. Die Pillen jedoch sind absolut verbindlich, da der durchschnittliche Amerikaner erst das Gefühl hat, es sei etwas für ihn getan worden, wenn er eine Pille oder eine Injektion erhält. Bringt er es so weit, den mächtigen Einfluss, den seine Gefühle auf seinen Körper haben, anzuerkennen, dann hat er bessere Aussichten, gesund zu werden und gesund zu bleiben.

Auch die Ärzte werden profitieren. Es wird weniger Zeit darauf verwendet werden, immer wieder von neuem auftauchende Symptome des gleichen schleichenden Leidens zu behandeln; dafür könnte den medizinischen Notfällen mehr Zeit gewidmet werden. Statt dass ein Patient mit Medikamenten weggeschickt wird, wird er vielleicht eher mit einem spezialisierten Biofeedback-Gerät und einigen Gebrauchsanweisungen nach Hause zurückkehren. Sobald er die Technik einmal beherrscht, sollte er in der Lage sein, das nächste Mal, wenn das Problem auftaucht, selbst damit fertig zu werden.

Beruhigungs- und Schmerztabletten sind heute wahrscheinlich die populärsten Arztverordnungen. Trotz der bekannten Nebenwirkungen und Gefahren werden viele davon haufenweise in mancher Wohnung gescheffelt. Diese Pillen sollen meist genau jene Beschwerden behandeln, die auch einer Biofeedback-Kontrolle am zugänglichsten wären. Falls sich die Feedback-Methode als erfolgreich erweist, werden die Vorteile wahrscheinlich beträchtlich sein. Unannehme Reaktionen auf die Drogen, die Gefahr der Süchtigkeit sowie beachtliche Ausgaben – all dies mag eliminiert werden.

Auch für die Präventiv-Medizin sind die Aussichten günstig. Wenn wir unser eigenes Funktionieren allmählich besser verstehen, können wir vielleicht diejenigen typischen Formen von Gehirn-Wellen, Muskelspannung oder Blutdruck erkennen lernen, die schliesslich zu einer Erkrankung führen. Eine regelmässige jährliche Totaluntersuchung mag eine Analyse solcher physischen Anzeichen einer Erkrankung einschliessen, noch bevor sich irgendwelche realen Beschwerden entwickeln. Die Menschen können dann geschult werden, Stress-Situationen wirksamer zu begegnen und ihren Körpern einen unnötigen Verschleiss zu ersparen. Wir selbst spielen beim Zustandekommen vieler Krankheiten eine aktive, wenn auch unbewusste Rolle. Mit der richtigen Information und den richtigen Methoden können wir auch deren Vermeidung oder Korrektur übernehmen.

Dr. Barbara Brown schwebt sogar für jede Wohngemeinde ein mit Computern ausgerüstetes Selbstbehandlungszentrum vor. Nachdem bei einem Patienten eine beginnende Krankheit diagnostiziert worden ist, kann ein individuelles Bandlungsprogramm zusammengestellt werden, um die betreffende Störung zu beheben. Der Patient kann seinen Computer-Arzt besuchen, so oft er wünscht, um jedesmal seine programmierte Behandlungs-Kassette anzuschliessen, bis er gelernt hat, den ‹Mangel› zu beheben. Dr. Brown hat sogar die Hoffnung ausgesprochen, selbst blühende Neurosen und Psychosen könnten durch eine Gehirnwellen-Analyse entdeckt und durch eine Gehirnwellen-Behandlung korrigiert werden. Obwohl dies zugegebenermassen nicht viel mehr als eine vage Möglichkeit ist, wird diese Möglichkeit in den nächsten paar Jahren vermutlich sorgfältig geprüft werden. Da die Hälfte der Spitalbetten im ganzen Land von geistig kranken Menschen besetzt ist, werden zweifellos viele Wissenschaftler an jeder Gesundungschance, die für diese Menschen besteht, interessiert sein.

5
Alpha-Pflege

Mullen ist der Name einer kleinen Wohnstrasse, die sich über einige der friedlichsten und sonnigsten Hügel von San Francisco zieht. Die hölzernen Einfamilienhäuser sehen bequem und ordentlich aus. In den meisten Gärten gibt es Blumen. Es ist eine Gegend, die an sich selbst ihre Freude zu haben scheint, und man hat sofort den Eindruck, dass dies ein guter Ort zum Leben ist. Es ist nicht die Art von Umgebung, die man mit Ausdrücken wie *Durchbruch* oder *Welle der Zukunft* verbindet. Und doch stimmt es irgendwie, dass einer der Zukunftskeime hier Wurzeln geschlagen und zu wachsen begonnen hat.

In Mullens Nummer 67 hat sich die Nöogenesis Inc. niedergelassen, möglicherweise das erste offizielle und öffentliche Biofeedback-Trainingszentrum der Welt. Zwar wird in diesem Land zur Zeit eine Menge Feedback-Training betrieben, doch das geschieht in Laboratorien, an Universitäten und Spezialschulen. Diesen Instituten stehen Wissenschaftler vor, deren Hauptobjekt die Forschung ist. Während sie die Versuchspersonen für diese Experimente einst bezahlen mussten, haben sich inzwischen soviele Freiwillige, die nach einer solchen Erfahrung hungern, gemeldet, dass man bereits von Wartelisten spricht, auf denen mehr als 500 Namen von Menschen stehen, die ihre Mitarbeit kostenlos angeboten haben. Die Versuchspersonen akzeptieren die Tatsache, dass sie die Art des Trainings, das sie erhalten werden, in keiner Weise mitbestimmen können, falls sie überhaupt je zugelassen werden, ja nicht einmal, ob sie tatsächlich Feedback-Training erhalten und nicht vielmehr einer Kontroll-Gruppe zugeteilt werden.

Was die Nöogenesis betrifft, so wird man gewöhnlich von einem Arzt oder Therapeuten hierher geschickt, um eine bestimmte Fähigkeit, die man braucht, zu trainieren, oder man kann sich aber auch auf eigene Initiative anmelden, weil man zur Lösung eines bestimmten Problems Hilfe benötigt. Die Nöogenesis wird von Frank Burns geleitet, einem jungen Psychologen, der sowohl auf dem Gebiet der Verhaltens-Veränderung als auch auf dem der Elektronik bewandert ist. Der gut-informierte Burns erklärte mit sanfter Stimme, dass dieser Arbeitsplatz nur ein Modell für die zukünftige Entwicklung sei. Zur Zeit ist der Platz klein und gemütlich. Es kann nur eine Person auf einmal trainiert werden. Bevor eine Erweiterung möglich wird, müssen noch eine ganze Reihe von Problemen gelöst werden.

Die Geräte, die bereits hochentwickelt sind, werden immer noch verfeinert. Frank verbrachte mehrere Jahre mit einigen der schöpferischsten Ingenieure in Kalifornien und hat bei der Entwicklung der Geräte mitgeholfen. Ein ganzes Jahr lang verbrachte man mit der Montage der ersten Instrumente und der Lösung schwieriger technischer Probleme. Als man schliesslich soweit war, realisierte er, dass die Instrumente noch höheren Ansprüchen genügen müssen, und so wurde die ganze Arbeit nochmals von vorne angefangen, wobei die Früchte des ersten Versuchs weitergebildet wurden. Kürzlich wurde seine zweite Geräte-Generation fertiggestellt, und Nöogenesis wurde der Öffentlichkeit vorgestellt.

Zu deren erfolgreichen Inbetriebnahme tragen aber auch noch andere Faktoren bei. Die ruhige Umgebung trägt dazu bei, die Trainingsräume von ablenkendem Lärm zu verschonen. Das Mass elektrischer Störungen ist ebenfalls bescheiden, doch zum zusätzlichen Schutz ist der ganze Trainings-Raum mit einer verborgenen Kupfernetz-Schicht umgeben. «Eine der Schwierigkeiten beim Gebrauch von Geräten, die zum Hausgebrauch bestimmt sind», erklärte Frank, «besteht darin, dass sie nicht genügend abgeschirmt sind. Sie können Störungen von Radio- und Fernsehgeräten, von Autobussen und sogar von Haushaltsapparaten auffangen. Und die ruhige und angenehme Atmosphäre dieser Gegend schadet ja auch nicht unbedingt», meinte er vertraulich.

Frank kann heute von Alpha-Wellen, Muskelspannung, Puls, Körpertemperatur und der galvanischen Hautreaktion Feedback erhalten und trainieren. Bei der GHR wird der Schweiss auf der Handfläche gemessen; er zeigt den Grad einer vorhandenen Angst an. Die wesentlichen Instrumente sind auf ein derart kleines Format reduziert worden, dass sie bequem in einer Aktentasche untergebracht werden können. Frank könnte nötigenfalls sogar Hausbesuche abstatten. Ausserdem sind die Bestandteile moduliert, so dass im Falle einer Panne die mangelhafte Schaltung augenblicklich durch eine intakte ersetzt werden könnte. Gegenwärtig werden weitere Bestandteile von Gehirnwellen-Instrumenten entwickelt, die der Messung von Delta-, Theta- und Beta-Wellen dienen sollen.

Nebst der Verwendung von Tönen beim auditiven Feedback hat die Nöogenesis ein manchmal erforderliches visuelles Feedback entwickelt, das *Vidium*. Die Versuchsperson sitzt in einem grossen, gepolsterten Lehnstuhl und schaut auf ein speziell modifiziertes Farb-fernsehgerät, das sich unmittelbar vor ihr befindet. Auf dem Bild-schirm leuchten in dem nur schwach beleuchteten Raum helle Farb-bänder auf, wobei jede Farbe einer andern Überwachungsfunktion entspricht. Reagiert die Versuchsperson richtig, so dehnt sich das Band aus. Andernfalls schrumpft es augenblicklich zusammen. Das gleichzeitige Verfolgen verschiedener Funktionen erlaubt einerseits komplexe Aufgabenstellungen und andererseits eine doppelte oder dreifache Überprüfung bestimmter Prozesse. Eine höhere Alpha-Produktion scheint fast unweigerlich zu Entspannung und Angstab-bau zu führen. Falls man darüber jedoch noch immer im Zweifel sein sollte, so kann man ausser der Alpha-Leistung auch prüfen, ob sich der Puls senkt, die Muskeln entspannen und ob die Schweiss-tätigkeit der Hand abgenommen hat.

Da die Nöogenesis noch in keiner direkten Verbindung mit einem Arzt steht, wird keine eigentliche Behandlung durchgeführt. (Das kalifornische Gesetz verwendet den Ausdruck in einem sehr eng-umgrenzten Sinn.) An deren Stelle wird eine physio-psychologische Erziehung geboten. Die Unterscheidung ist mehr legaler als realer Natur, und es ist offensichtlich, dass eine derartige Erziehung in den Händen eines kompetenten Menschen zur Linderung einer ganzen Reihe von Beschwerden beitragen kann. Frank ist eingeladen wor-den, an Ärzteschulen der Umgebung Seminare durchzuführen, und hofft, in absehbarer Zeit auch einen Arzt im Personal zu haben.

Trotz der kurzen Zeit, seit der die Nöogenesis voll betrieben wird, sind bereits interessante Ergebnisse und einige Erfolge erzielt worden. Entspannungs-Training und Verhaltens-Änderung haben einer homosexuellen Versuchsperson zu einem glücklicheren und er-füllteren Leben verholfen. Manche homosexuellen Männer sind von einer extremen Promiskuität; sie haben oft am selben Tag sexuelle Begegnungen mit verschiedenen Partnern. Bei Beziehungen, die auf eine halbe Stunde beschränkt sind, und angesichts der fehlenden Aussicht, den Partner jemals wiederzusehen, ist es nicht verwunder-lich, dass sich diese Menschen oft einsam und deprimiert fühlen. Doch es handelt sich um einen Teufelskreis mit Zwangs- und Selbst-erhaltungscharakter. Die Einsamkeit und der Mangel an Befriedigung treibt sie bald wieder mit neuem Kontakthunger auf die Strasse, in die Bars und schliesslich in die Arme erneuter Frustration.

Eine gründliche Diskussion mit diesem Patienten machte deutlich, dass das Problem teilweise in der Angst vor dem Alleinsein seinen Ursprung hatte. (Dieser Mann hatte seine Homosexualität als Teil seiner selbst akzeptiert und er hatte kein Verlangen danach, sie aufzugeben.) Für kurze Zeit in seiner Wohnung allein zu bleiben, jagte ihm genügend Angst ein, um wieder auf die Strasse zu laufen, in der Hoffnung, jemanden, irgend jemanden, anzutreffen, um mit ihm zusammenzusein. Das ging so weit, dass er schliesslich bereits unmittelbar nach Arbeitsschluss den Drang verspürte, in eine Homosexuellen-Bar zu eilen, um nach einem Pick-Up Ausschau zu halten. Er fühlte sich elend und verlangte mehr vom Leben.

Im Laufe der gemeinsamen Arbeit entwickelten er und Frank für das Entspannungs-Training ein hierarchisches System. Falls ihm das Alleinsein in seiner Wohnung am meisten Angst bereitete, würde dies an der Spitze der Hierarchie erscheinen. An deren Fuss befände sich der Punkt, der psychologisch vom Höchstmass des Unbehagens am weitesten entfernt wäre, der Punkt, an welchem die Angst gewöhnlich in kleinen Portionen einsetzte. Von diesem Punkt aus führen kleine psychologische Schritte nach oben, bis zum Punkt des maximalen Unbehagens.

Der nächste Schritt bestand darin, ihm beizubringen, sich in einer neutralen Umgebung bei möglichst geringer Stimulation zu entspannen. Im nur schwach erleuchteten Zimmer führte Frank den im weichen Lehnstuhl Sitzenden durch eine Reihe von fundamentalen Entspannungsübungen hindurch, wobei beide mit den Feedback-Geräten seinen Fortschritt überwachten. Die Übungen bedeuteten eine zusätzliche Beschleunigung des Fortschritts, den er auch schon mit Feedback allein erreicht hätte. «Es ist eine muskel-physiologische Art der Lernens», erklärte Frank. «Wer einmal kapiert hat, wie es funktioniert, wird es nie mehr vergessen.»

Nachdem der ‹Kunde› gelernt hatte, sich in einer optimalen Umgebung zu entspannen, machten sie sich an die Hierarchie heran. Der Patient versetzte sich in einen tiefen Alpha- und Entspannungszustand, wie das *Vidium* bestätigte. Dann las Frank das in der Hierarchie am tiefsten stehende Stichwort vor, und der Mann musste sich die ihm entsprechende Situation optisch vorstellen. Dies hatte einen Spannungs- und Angstzustand zur Folge. Der Mann musste sich nun mit Hilfe seiner neu-erworbenen Fähigkeiten wiederum zu entspannen suchen, während er sich gleichzeitig die leichte Stress-Situation bildlich vorzustellen hatte. Sobald er sich die Situation vergegenwärtigen und dabei vollkommen entspannt bleiben konnte, gingen sie zur nächsten Situation über, immer genau dem Tempo des Patienten angepasst.

Hier kamen verschiedene Prinzipien zur Anwendung. Eines ist die Tatsache, dass sich die Zustände von Entspannung und Angst gegenseitig ausschliessen. Man kann nicht entspannt sein und gleichzeitig Angst haben, und umgekehrt. Das zweite Prinzip ist die Tatsache, dass, obwohl es schwierig oder unmöglich ist, gewisse grosse Probleme auf einen Schlag zu lösen, kleine Probleme gewöhnlich schnell und relativ leicht beseitigt werden können. Der Trick besteht darin, grosse Probleme in eine Reihe von kleinen Problemen zu unterteilen und diese der Reihe nach in Angriff zu nehmen. Die Schritte sind nur klein, und der Patient steht jedesmal vor der gleichen Schwierigkeit: mit einer geringen Menge Angst fertig zu werden. Die Unterscheidung zwischen Denken und Handeln scheint in diesem Fall nicht von grösserer Bedeutung zu sein. Dadurch, dass der Patient während des Trainings lernte, in seiner Vorstellung mit verschiedenen Situationen fertig zu werden, war er auch in der Lage, sie – fern von der Feedback-Situation – selbst zu meistern.

Die Wirkungen nahmen sogar einen noch allgemeineren Charakter an. Nicht nur hatte der Patient nach zehn Wochen die ganze Hierarchie durchschritten und gelernt, den Versuchungen oberflächlicher Zufallsbekanntschaften zu widerstehen, er war nun auch imstande, eine stabile und intime Beziehung zu einer einzigen Person aufzubauen. Jedesmal, wenn er dies früher versucht hatte, war er impotent geworden und hatte den Versuch infolgedessen bald aufgegeben. Diesmal aber trat dies nicht ein, und als er nach einigen Monaten zu einer ‹Nach-Behandlung› erschien, war er noch glücklicher, unpromiskuös, bei voller Potenz und immer noch mit demselben Partner zusammen.

Auch bei einer jungen Frau, die im letzten Monat der Schwangerschaft stand, wurden mit dem Feedback-Training ermutigende Resultate erzielt. Die mit einem Krankenhaus-Psychiater verheiratete Frau entdeckte ein paar Wochen, bevor die Geburt stattfinden sollte, dass sie vor diesem Ereignis eine ungeheure Angst hatte. Angesichts der knappen Zeit stellten sie ein Notprogramm sowie eine Hierarchie auf und begannen mit den Sitzungen. Sie brauchten nicht lange zu üben, die Geburtshelferin der jungen Frau hatte offenbar gemerkt, dass die Frau wegen ihrer Angst die Wehenarbeit hinauszögerte (ein weiterer Beweis unserer Fähigkeit, unwillkürliche Körperfunktionen zu kontrollieren) und beschloss, die Geburt durch Injektionen auszulösen. Es war Zeit genug für ein paar Trainingsstunden geblieben, und die Hierarchie konnte nicht mehr vollendet werden, doch nach eigener Aussage der Frau lief alles gut ab, wovon sie ziemlich befriedigt war.

Auch mit dem Problem der Frigidität ist von Nöogenesis ein begrenzter Erfolg erzielt worden. Die Testgruppe war klein, sie bestand nur aus drei Frauen, doch bei allen wurden wenigstens zu Beginn gute Resultate erzielt. Bei jeder von ihnen stellte sich nach entsprechendem Training ein Orgasmus ein. Später kehrten zwei der Paare jedoch wieder zu ihrer früheren Verhaltensweise zurück. Offenbar gab es dafür immer noch einen befriedigenden Grund, trotz der gegenseitigen Frustration, die daraus resultierte.

Franks Interesse an neuen Methode, Menschen mit Gefühls- und Verhaltensschwierigkeiten zu helfen, war die Folge einiger eigener Erfahrungen. Die erste lag um acht Jahre zurück, als er bei eigenen Schwierigkeiten Hilfe benötigte. Er versuchte es mit der traditionellen Therapie und stellte fest, dass er keinen entscheidenden Fortschritt machte. Der Therapeut meinte, er würde sich nicht genug anstrengen, doch Frank hatte das Gefühl, dass das nicht stimmte. Er verlangte Hilfe, doch er wusste nicht, wie er sich anstrengen sollte. Wenn man ihm nur hätte zeigen können, was er tun sollte, so hätte er es ganz bestimmt getan. Doch damals war es unmöglich. Zu einem späteren Zeitpunkt seiner Karriere gab er in kalifornischen Krankenhäusern Entspannungs- und Dekonditionierungsunterricht (das letztgenannte Verfahren wurde weiter oben beschrieben). Die Entspannungsmethode basierte auf denselben Übungen, deren er sich auch heute bedient, nur war kein Biofeedback dabei. Er war erstaunt über die Mühe, die einige Patienten trotz ihrer starken Motivation hatten. Diejenigen, die die Entspannung am meisten nötig hatten, schienen zu gespannt zu sein, um sich mit den üblichen Verfahren leicht oder gut entspannen zu können. Als Frank vom Feedback-Training vernahm, wusste er instinktiv, dass dies ein bedeutsamer Durchbruch war. Und dieser Ansicht ist er heute noch.

6
Die Anhänger von Alpha

Wenn Alpha-Trainingszentren eines Tages im Branchenverzeichnis des Telefonbuchs aufgeführt sind, wird es sich mit grosser Wahrscheinlichkeit um eine der Eintragungen mit zahlreichen Querverweisen handeln. Die Erklärung dafür ist einfach – Alpha ist und bleibt wahrscheinlich immer für jeden etwas anderes; einige Leute schauen vielleicht unter ‹Religionen› nach, während andere unwillkürlich ‹Biofeedback› aufschlagen werden.

Der ‹Unterdreissig›-Anstrich der meisten Anhänger hat Alpha bereits das sterotype Image, eine ‹Hippieangelegenheit› zu sein, umgehängt. Doch wie die meisten stereotypen Images ist auch dieses ganz einfach falsch. Wie wir in diesem Kapitel sehen werden, hat die grosse Zahl derer, die sich auf Alpha-Wellen einstellen, bereits eine viel breitere Bevölkerungsschicht erfasst als etwa nur Drogen-Freaks und Meditationsbeflissene.

Alpha – jetzt!

Es ist bereits eine historische Tatsache, dass die Bewegung für Redefreiheit in der Umgebung von San Francisco entstanden ist, und dass ferner auch die Hippie-Love-Generation hier geboren wurde und hier gestorben ist. San Francisco ist die Stadt, in der neue und aussergewöhnliche Dinge ihren Anfang nehmen. Und in ein derartiges Klima wachsen die Freien Universitäten hinein, als Nährboden für die Generation der Überdrüssigen. Es ist deshalb nicht besonders überraschend, dass der erste Alpha-Gehirnwellen-Kurs von einer freien Universität durchgeführt werden sollte.

Aufgrund der Eigenart, die die Freien Universitäten im ganzen Land aufweisen, haben die von ihnen organisierten Kurse einen meist äusserst unorthodoxen Charakter. Sie haben kaum etwas mit den Dingen gemein, die an den etablierten Universitäten gelehrt werden. Macramé, Zen, organisches Kochen und neuerdings auch Alpha stehen mit der gleichen Selbstverständlichkeit auf den Lehrplänen der Freien Universitäten wie Physik, Psychologie und Chemie auf denjenigen der konventionellen Institutionen.

Die Durchführung des ersten Kurses über Alpha-Wellen war bereits für das Jahr 1969 geplant. Doch die Sache verwickelte sich, noch bevor sie richtig ins Rollen gekommen war. Der Leiter der Kurse hatte vorgesehen, Alpha-Forschungen mit ASW zu verbinden. Er suchte Emerson Stafford, den Leiter der kürzlich aufgelösten Entropy-Universität, auf. Es wurden Vorbereitungen getroffen, um Alpha in den Unterricht einzuführen. Der prompt entstandene Enthusiasmus für den Kurs kam darin zum Ausdruck, dass die Zahl der Anmeldungen in kurzer Zeit auf 25 anstieg (eine hohe Zahl für einen neuen Kurs, besonders im Frühjahr 1969, als Alpha noch nicht zu einem Schlagwort geworden war).

Doch dann tauchten die Schwierigkeiten auf. Einige Tage bevor der 2monatige Kurs beginnen sollte, wurde er abrupt abgesagt. Der Kursleiter war allem Anschein nach zugleich bei einer Firma angestellt, die an einem Projekt zur Messung der Gehirnwellenreaktion auf normale Reize arbeitete. Sein Arbeitgeber fürchtete, dass er methodische Techniken enthüllen könnte, die die Firma geheimhalten wollte. Der Kurs-Leiter erhielt darauf ein Ultimatum: Kurs aufgeben oder Entlassung.

Aus diesem Grund kam es nie zur Durchführung dieses Kurses. Diese unerwartete Wendung war ganz besonders unglücklich, nicht nur weil Entropy eine potentiell wertvolle Klasse verlor, sondern auch weil der Zusammenhang zwischen Alpha und ASW eine wissenschaftliche Angelegenheit ist, die zur Zeit einer ernsthaften Prüfung unterzogen wird. Die Ergebnisse, die man bei diesem Kurs erzielt hätte, wären zweifellos interessant gewesen.

Schliesslich erschien Anfang 1970 ein neuer Kurs mit einem neuen Leiter auf den Seiten des Entropy-Vorlesungsverzeichnisses. Dieser Kurs spezialisierte sich, statt auf ASW, besonders auf Biofeedback-Fragen, genauer, auf die Analyse der verschiedenen, vom Gehirn ausgesandten Signale. Der Alpha-Zustand bildete ebenfalls einen Teil der Untersuchung. Der Kurs gewann 15 Studenten.

Jules Geib, einer der fünfzehn Studenten, meinte, er und seine Kollegen hätten den Kurs mit nur wenig oder gar keiner Ahnung von dem, was passieren würde, begonnen. Er erzählte, dass sich die Gruppen-Diskussionen in einem ziemlich freien Rahmen bewegten, wobei sich das Gespräch gewöhnlich um das Nervensystem, die Gehirnwellen und die Sinnesdaten drehte. Allwöchentlich kontrollierten die Studenten in abwechselnder Folge ihre Alpha-Wellen mit

Biofeedback-Geräten. Am Ende von acht wöchentlichen Sitzungen hatte jeder Teilnehmer mehrmals die Gelegenheit gehabt, sein oder ihr Alpha zu testen. Dabei machte die Klasse eine interessante Feststellung, und zwar während der Alpha-Studien. Es wurde festgestellt, dass etwa die Hälfte der Teilnehmer im allgemeinen anscheinend mit Alpha bessere Ergebnisse erzielte als die andere Hälfte. Es handelte sich dabei um diejenigen, die sich auch in Zen-Meditation übten. Ihre Ergebnisse schienen mit den bereits erwähnten Resultaten der bei japanischen Buddhisten vorgenommenen Alpha-Untersuchungen übereinzustimmen. Die Alpha-Leistung derjenigen Klassenmitglieder, die meditierten, wies eine häufiger auftretende und länger anhaltende Alpha-Aktivität auf, verglichen mit der der übrigen Gruppe.

Der Höhepunkt des Kurses fand in der letzten Stunde statt, in der die ganze Klasse dem Labor von Dr. Joseph Kamiya einen Besuch abstattete. Hier hatten die Studenten Gelegenheit, ihre Alpha-Tests im selben Laboratorium zu wiederholen, in dem einem grossen Teil der Alpha-Forschung der Weg gebahnt wurde. Jedes Kursmitglied wurde auf Alpha geprüft. Und wiederum stellte man auch in Dr. Kamiyas Labor fest, dass die Ergebnisse gewisse Parallelen zu den japanischen Forschungsresultaten aufwiesen, mit anderen Worten, dass Personen, die Zen und Meditation praktizieren, die Tendenz haben, sich öfters und für längere Zeitperioden auf Alpha einzustellen.

Alpha und Zen

Im Verlauf der weiteren Erforschung des Zusammenhangs, der zwischen Zen und Alpha besteht, konnten wir glücklicherweise ein Zen-Forschungszentrum besuchen. Silas Hoadley ist zweiunddreissig Jahre alt und assistierender Zen-Lehrer; er steht im letzten seiner acht Studienjahre, die er am Zen-Zentrum von San Francisco verbracht hatte. Während der vergangenen vier Jahre hat er sich an drei Experimenten beteiligt, die mit Gehirnwellen im Zusammenhang standen. Wir wollen sie kurz erörtern.

Schon beim Betreten des Zen-Centers fing das Erlebnis an. Wir wurden an der Türe begrüsst und herzlich aufgefordert, in den Innenhof einzutreten, in dem sich die meisten der 65 männlichen und weiblichen Bewohner zum Nachmittags-Tee mit Gebäck eingefunden hatten. Bald nachdem die Erfrischungen serviert worden waren, erhoben sich alle, um sich auf buddhistische Weise zu verneigen und gemeinsam mit der Rezitation von buddhistischen Versen anzufangen. Rezitation und individuelle Meditation sind hier, wie wir später erfuhren, integrale Bestandteile des täglichen Lebens.

Die physische Atmosphäre des Zen-Centers selbst ist eine solche der Ruhe und der Gelassenheit. Blumen und Pflanzen sind im Übermass vorhanden. Die Zimmer sind geräumig, mit hohen Decken und gedämpften Farben. Die Fussböden sind mit Matten belegt, die für die Meditationsübungen bestimmt sind; eine friedliche Ruhe durchdringt das ganze Gebäude.

Ein paar Jahre vor seinem Eintritt ins Zen-Center hatte Hoadley mit psychedelischen Drogen experimentiert. Er fand jedoch, dass Drogen keine gültigen Antworten geben konnten. Er beeilte sich, zu versichern, dass Drogen an den im Zen-Center durchgeführten Experimenten keine Rolle spielen würden.

Im Lauf der vergangenen Jahre haben die Zen-Center-Studenten an drei Alpha-Gehirnwellen-Experimenten teilgenommen, die unter der Aufsicht von Dr. Kamiya und dem Neuropsychiatrischen Institut Langley Porter durchgeführt wurden. Kamiyas Assistenten rollten eines Tages EEG-Apparate ins Center, in der Absicht, Hoadleys Gehirnwellen in der ihm vertrauten Umgebung aufzeichnen zu können.

Hoadley wurde in der Zazen-Stellung, dem traditionellen Meditationssitz, auf Alpha getestet. Die Messung erstreckte sich über einen Zeitraum von mehreren Stunden. Die ganze Sache wurde zu einem späteren Zeitpunkt wiederholt, doch diesmal wurde seine Alpha-Leistung getestet, während er schlief. Hoadley ist bis heute über die Resultate der Sitzungen noch nicht informiert worden, doch ist ihm bekannt, dass Dr. Kamiya auch andere Meditationsgruppen untersucht hat. Niemand weiss wirklich, wohin solche Alpha- und Meditationsforschungen eigentlich führen können oder werden. Es ist denkbar, dass Alpha-Forscher weitere Aufschlüsse über die Verbindung von Alpha und Meditation erhalten werden. Falls sich diese

Verbindung auch auf Phänomene des Schlafs erstrecken sollte, so wird sie dadurch nur noch rätselhafter. Hoadley sagt: «Als Phänomen des meditierenden Geistes braucht es nicht unbedingt etwas Neues zu sein, doch die Wissenschaft hat die Sache einfach noch nicht ganz durchschaut.»

Für die meisten Studenten am Zen-Center war die von Dr. Kamiya durchgeführte Untersuchung die einzige Gelegenheit, bei der sie sowohl mit Alpha als auch mit EEG-Geräten in Berührung kamen. Eine Ausnahme war ein 65jähriger Zen-Student, dessen Enthusiasmus für das Neue grenzenlos zu sein schien – er hatte den Versuch gemacht, Alpha-Geräte in das Trainings-Programm des Centers einzubeziehen, doch sein Vorschlag stiess auf Gleichgültigkeit.

Dennoch scheint es, dass sowohl Alpha als auch Zen eine engverbundene gemeinsame Zukunft haben werden. Es ist bereits vermutet worden – vor allem in der Massenpresse – das Alpha eine Abkürzung zum Zen-Zustand sei, obwohl die ‹Meister› einen oft jahrelangen Weg zurücklegen. Einige malen sich die Möglichkeit aus, Tausende von Zen-Jahren in ein paar am Alpha-Gerät zugebrachte Stunden hineinzuschieben – so etwas wie eine Art Instant-Zen. (Hoadley weist darauf hin, dass das LSD, als es auf offener Strasse leicht erhältlich wurde, mit einem ähnlichen Enthusiasmus aufgenommen wurde; es wurde plötzlich als ein Weg zur Sofort-Weisheit gepriesen.) Zweifellos werden einige Leute, die auf der Suche nach Selbst-Erfüllung sind, nach der Lektüre dieses Buchs eines der zahlreichen auf dem Markt erhältlichen Alpha-Geräte kaufen wollen.

Hoadley selbst würde kein Alpha-Gerät kaufen, und er wäre über jedermann skeptisch, der den Anspruch erhöbe, hauptsächlich mit Hilfe eines Apparats ernsthaft Zen studieren zu wollen. Er meint, solche Studenten würden wahrscheinlich ein ambivalentes Verhältnis zu ihrer Zen-Arbeit haben, und er fügt hinzu: «Sie werden an einem bestimmten Punkt notgedrungen ihrem eigenen Widerstand begegnen. Zen-Training bedeutet totale De-Konditionierung. Das Alpha-Training bewegt sich aber nur eine Strecke weit in diese Richtung; es ist mehr als eine bloss mentale oder zerebrale Aktivität erforderlich.»

Hoadley hält es für möglich, dass der Zen-Praxis durch Alpha einige neue Studenten zugeführt werden. Sollte sich Alpha tatsächlich zu einem Bestandteil der modernen technologischen Kultur entwickeln, so werden Zen-Studenten zweifellos ihre Versuche damit machen, um gewisse Fähigkeiten zur Kontrolle und Manipulation verschiedener Körper-Geist-Funktionen zu erlangen.

Hoadley hat dennoch den Eindruck, dass diejenigen Studenten, die ein intensives Alpha-Training betreiben, bald an dessen Grenzen stossen würden. Lakonisch meint er: «Die Studenten werden dann herausfinden, dass sie ein lahmes Pferd reiten. Zwar haben sie gelernt, sich einigermassen zu entspannen, doch grundsätzlich bleibt ihre Lebenssituation die gleiche.»

Alpha-Geräte müssen für Hoadley jedoch mit Zen nicht unbedingt in Konflikt geraten, wie der Leser vielleicht aus dem oben Gesagten entnommen hat. Seine Sorge betrifft den Zen-Studenten, der sich auf sein Alpha-Gerät zu sehr zu verlassen beginnt. «Ich glaube, dass der Gebrauch eines Alpha-Geräts den Geist weniger beeinträchtigen würde als etwa die Einnahme grosser Dosen von Drogen oder Kaffee zu Beginn einer Meditations-Periode. Ich glaube, die einzig wirkliche Beeinträchtigung könnte durch die Bildung einer Abhängigkeit von dieser Technik entstehen.»

Hoadley hat nichts dagegen, wenn die Studenten Alpha-Geräte verwenden, solange die Sache nicht mit dem Zen-Studium vermengt wird. «Falls ein Student eines gebrauchen will, schön. Doch sollte er es nicht der Zen-Praxis selbst aufzwingen.» Was ihn selbst betrifft, so ist er an einem Verständnis des Alpha-Trainings interessiert, da er weiss, dass das ganze Phänomen im Anzug begriffen ist. Doch er hat kein Bedürfnis oder Verlangen danach, selbst ein Feedback-Gerät zu gebrauchen, denn er ist der Meinung, dass die Zen-Übung im wesentlichen gründlich genug ist.

Ein Zen-Student muss sich vieler der sich in seinem Körper abspielenden Vorgänge bewusst sein. Um dieses Bewusstsein zu integrieren, muss er sein Selbst während einer bestimmten Zeitperiode den biologischen Körperfunktionen aussetzen. In diesem Sinne ist zum Beispiel Zazen eine Zeitperiode der lebhaften Entspannung und Bereitschaft, während der sich der Geist auf kein bestimmtes Objekt konzentriert. Die Wirbelsäule wird aufrecht gehalten, während der Atem gewöhnlich sehr tief ist. Dies ist der Zustand von Zen-Meistern, bei denen man eine höhere Alpha-Abgabe beobachtet hat. Möglicherweise ist der Alpha-Rhythmus dieses Zustandes das Ergebnis eines ruhigen, entspannten Bewusstseins, das seinerseits aus einer wachsamen Gelassenheit hervorgeht. Werden diese Eigenschaften entwickelt, so besteht eine grössere Wahrscheinlichkeit einer erhöhten Alpha-Leistung.

Alpha und Religion

In einen Alpha-Zustand einzutreten ist für einen Zen-Enthusiasten nichts Aussergewöhnliches. Wie wir soeben gesehen haben, scheint Alpha ein integraler Bestandteil der gesamten Zen-Erfahrung zu sein. Es stellt sich jedoch die Frage, worin sein Reiz für diejenigen liegt, die mit den traditionellen westlichen Glaubensformen aufgewachsen sind. Nach unserem Besuch des Zen-Centers hatten wir das Verlangen, einen Vertreter der jüdisch-christlichen Tradition aufzusuchen, der uns diese Frage vielleicht beantworten könnte. Bald darauf ergab sich die Gelegenheit; wir begegneten Schwester Alma, der Direktorin des Library-Science-Programms der Universität von San Francisco.

Schon nach einer kurzen Unterhaltung mit ihr entdeckten wir, dass sie wirklich eine der interessantesten und vielseitigsten Persönlichkeiten ist, denen wir bei unseren Alpha-Studien begegnet waren.

Schwester Alma war schon seit vielen Jahren eine eifrige Science-Fiction-Leserin. Sie hatte an einer Reihe von Science-Fiction-Symposien und -Versammlungen teilgenommen und einige der hervorragendsten Science-Fiction-Schriftsteller dieses Landes getroffen. Sie hatte sich schon immer für die natürliche Kraft der ASW interessiert. Die übernatürliche Welt hat für sie – im Gegensatz zu den meisten anderen Leuten – nichts Furcht- oder Besorgniserregendes an sich. Sie akzeptiert die Existenz ausserirdischer Wesen und ist davon überzeugt, dass UFO's nicht bloss Hirngespinste sind, die sich die Leute einbilden.

In den vergangenen Monaten ist Schwester Alma zu einer echten Alpha-Anhängerin geworden. Für sie enthält Alpha das Versprechen, gewisse Fragen zu beantworten, die sowohl den einzelnen wie auch die Gesellschaft als Ganzes etwas angehen. Sie sieht keinen Widerspruch zwischen Alpha und ihrem Glauben. Sie glaubt, dass von

Alpha Gebrauch zu machen einfach eine der Möglichkeiten ist, das Potential des Körpers, den Gott den Menschen gegeben hat, auszuschöpfen. Da sich Alpha innerhalb des dem Menschen Zugänglichen befindet, liegt es auch in seiner Macht, auf diese Erfahrung einzugehen.

Schwester Alma schreibt ihr anfängliches Interesse an der Erforschung geistiger Kräfte bestimmten Büchern über Hypnotismus und Geistkontrolle zu, die sie gelesen hatte, während sie sich von einer Operation erholte. Dann hat sich ihr Interesse allmählich auf Alpha gerichtet. Aus diesem Grund hat die Schwester auf Einladung einen *Mind-Dynamics*-Wochenendkurs besucht, der einem beibringen sollte, den eigenen Geist zu kontrollieren. Trotz einiger Kritik, die an den ‹Geist-Schulen› geübt worden ist, vertritt die Schwester die Ansicht, dass der *Mind-Dynamics*-Kurs etwas Kerngesundes ist. Sie machte die Beobachtung, dass derartige Gruppenerfahrungen die Menschen einander näherbringen, sobald sie einmal miteinander ins Gespräch getreten sind. Sie meint, dass die Alpha-Erfahrung bei vielen Menschen zu einem neuen Impuls in der persönlichen Entwicklung sowie zu einer erhöhten Lebenserfüllung führen kann. «Wir alle haben die Möglichkeit», erklärt die Schwester, «das Funktionieren unseres Geistes zu verbessern. Das Problem besteht darin, dass wir dieses Potential noch nicht entwickelt haben.»

Für Schwester Alma ist eine Entfaltung der geistigen Kraft einer der Schlüssel zu einem erfüllteren und befriedigenderen Leben. Und in die Zukunft blickend sieht sie in Alpha die Methode, mit der das menschliche Potential für ASW entwickelt werden kann.

Obwohl Schwester Alma noch nie von einem EEG-Gerät getestet worden ist, fühlt sie sich in der Lage, den Alpha-Zustand willkürlich herbeiführen zu können, einfach dadurch, dass sie den richtigen Gedankenprozess durchläuft; nach eigener Aussage ist es ihr gelungen, sich durch diese Fähigkeit das alltägliche Leben zu erleichtern. Ist sie beispielsweise ermüdet, so tritt sie in einen höchstens ein paar Minuten dauernden Alpha-Zustand ein, um ihn mit dem Gefühl, ein einstündiges Mittagsschläfchen hinter sich zu haben, wieder zu verlassen. Sie ist auch imstande, sich beim Betreten eines überhitzten Zimmers einfach durch das Herbeiführen eines Alpha-Zustands abzukühlen. Seit ihrer Geburt hat die Schwester Rückenbeschwerden, welche ihr gelegentlich grosse Schmerzen verursachten. Doch durch den Eintritt in einen Alpha-Zustand vermag sie den Schmerz zu unterdrücken.

Gruppen-Alpha

Durch die Popularisierung ist Alpha nun auf den Markt gebracht worden; gleich vielen anderen Dingen in den Vereinigten Staaten sind nun auch Alpha-Dienste käuflich geworden. Eine der neu aufgeblühten Organisationen heisst *Alpha House* und wird von Shirley Drane, die am State College von San Francisco als Medieninstruktorin tätig ist, geleitet.

Alpha House organisiert seinen Unterricht in Form von vier Gruppen-Zusammenkünften, die sich über den Zeitraum von zwei Wochen erstrecken. Die Gesamtkosten für zehn Unterrichtsstunden betragen 20 Dollar. Crane sieht *Alpha House* als einen Ort, an dem jeder Teilnehmer seinen eigenen Alpha-Zustand zu bestimmen lernt, zunächst mit Hilfe eines Geräts, um schliesslich eine Stufe zu erreichen, auf der Feedback (und somit auch das Gerät) überflüssig wird. «Der Hauptvorteil beim Besuch von *Alpha House* besteht darin», meint Crane, «dass der Alpha-Student, statt sich eine teure Alpha-Anlage anzuschaffen, die seinen Bedürfnissen bald nicht mehr genügen wird, nur eine minimale Geld- und Zeitmenge aufwenden muss, um sein oder ihr Ziel der Alpha-Kontrolle zu erreichen.» Crane fügt hinzu, dass das eigentliche Ziel von *Alpha House* darin besteht, jeden Praktikanten zu befähigen, den Alpha-Rhythmus zu jeder beliebigen Zeit und an jedem beliebigen Ort willkürlich hervorzurufen.

Es hat lange gedauert, bis *Alpha House* als Ergebnis ausgedehnter Forschungs- und Vorbereitungsarbeiten aufgebaut war. Für Shirley Crane hat das Training zur Erlangung des Alpha-Zustands einen einzigen Zweck – Entspannung. «Eine tiefe Entspannung», so meint sie, «die nicht durch Drogen, sondern durch einen mit Biofeedback-Hilfe erarbeiteten Zustand des Selbst-Bewusstseins erzeugt worden ist, stellt einen grossen Schritt dar auf dem Weg zu einem besseren Verhältnis zu uns selbst und zu unserer Umwelt.»

Immer mehr Menschen verwenden das Alpha-Gerät in der Zurückgezogenheit ihres eigenen Heims. Doch durch die Idee einer Gruppenbeteiligung werden der Alpha-Erfahrung neue und interessante Perspektiven eröffnet. Wir haben eine dieser von *Alpha House* organisierten Gruppen-Zusammenkünfte besucht und sind zur Ansicht gekommen, dass für die Ernsthaftigkeit der Zielsetzung dieser zweieinhalb Stunden dauernden Sitzungen vieles spricht.

Die Atmosphäre ist jovial. Doch sobald die eigentliche Alpha-Überwachung beginnt, hören die Gespräche auf, während die Beleuchtung gedämpft wird. Die Gruppen-Mitglieder verbringen die eigentliche Trainingszeit in grosse Kissen gelehnt, die im ganzen Raum verstreut sind. In dieser Körperlage versucht jeder Teilnehmer, seinen Geist auf den Alpha-Zustand einzustellen. Unterdessen überwacht Crane – unbeobachtet von den Studenten – die Alpha-Leistung jedes einzelnen, mittels eines Kopfhörers, der an das Netz aller Alpha-Geräte angeschlossen ist. (Damit keine Missverständnisse entstehen: kein Mitglied der Gruppe versucht, mit Crane oder einem anderen Teilnehmer in Kontakt zu treten. Vielmehr produziert jeder einzelne sein eigenes Alpha für sich allein.)

Am Ende der ersten Stunde erhält jeder Teilnehmer von Crane Feedback über seine Alpha-Leistung. Anschliessend besprechen die Gruppen-Mitglieder ihre Gefühle sowie die mit Alpha verbundenen Probleme – womit sie, während sie den Alpha-Zustand anstrebten, Erfolg hatten und womit nicht; hatte eine Veränderung der Lage der Elektroden (von den Hinterhaupt- an die Stirnlappen) irgendeinen Einfluss auf die Alphaleistung zur Folge? Das Erreichen von Alpha kommt wirklich einer Prüfung und Irrfahrt gleich, auf welcher die Variablen genau so persönlicher Art wie die eigenen Gedanken sein können. Crane hält diese Methode der Gruppen-Diskussion für ein wirksames Mittel, durch welches die Teilnehmer «innerhalb der Alpha-Produktions-Gruppe *Vibrationen* aufbauen».

Nicht jedermann ist imstande, von Anfang an eine hohe Alpha-Leistung zu erzielen. Bei einigen Leuten zeigen sich vielleicht erst nach Ablauf der insgesamt zehn Trainingsstunden irgendwelche Ergebnisse. Andere scheinen jedoch den Alpha-Zustand fast augenblicklich hervorrufen zu können. Einer der *Alpha House*-Studenten berichtete, dass er in einer auf eine Alpha-Sitzung folgenden Nacht nicht habe einschlafen können. Er war durch die Sitzung so entspannt und munter geworden, dass der Schlaf überflüssig war.

Die ersten paar Male, als sich Kathleen Fornason im *Alpha House* an ein Gerät anschloss, versagte sie – der Ton im Kopfhörer war irritierend, sie langweilte sich und zeigte keine Alpha-Leistung. Doch als Kathleen etwas später schliesslich mit der Alpha-Produktion Erfolg hatte, war sie davon nicht sonderlich überrascht. Die Erfahrungen, die sie am San Francisco State College mit dem Sensitivity-Training gemacht hatte, hatten sie auf ihren eigenen Körper aufmerksam gemacht und ihr die Fähigkeit verliehen, sich zu entspannen und dadurch ihr Alpha zu steigern.

Kathleen ist ein ziemlich typisches Beispiel für diejenigen Leute, die von Alpha angezogen werden. Sie ist mehr oder weniger zufällig zur Schauspielkunst gekommen und arbeitet gegenwärtig an ihrer Doktorarbeit über Rundfunk-Medien-Kunst. Sie sagt, ihr Enthusiasmus für Alpha rühre von einem ausgeprägten Interesse für den menschlichen Geist sowie vom Wunsche her, über moderne Trends Bescheid zu wissen. «Beim Radio muss man sich über die Marotten, über das, was die Leute bewegt, auf dem Laufenden halten.»

Diese beiden Frauen führen Experimente durch, bei denen die gegenseitige Beziehung von Alpha und Klavierspiel (Kathleen nimmt seit ihrer Jugend Klavierunterricht) untersucht wird. Dieser Einfall ist den beiden gekommen, als Kathleen erwähnte, dass ihr Geist während des Klavierspiels nur auf eine einzige Sache konzentriert sei – auf die Musik. Sie vermuten, dass sich Kathleen, wie übrigens jeder Pianist, sobald sie sich nicht mehr anstrengen und sich nicht mehr um die einzelnen Noten kümmern muss, sondern eins mit der Musik dahinströmen kann, in einem Alpha-Zustand befindet.

Während die meisten Kunden von *Alpha House* das Gefühl haben, die Gruppen-Erfahrung sei zu ihrem Vorteil, gibt es auch andere, denen sie eher als ein Hindernis erscheint. Menschen, die besonders schüchtern sind oder sich in einer Gruppe nur schwer wohlfühlen, haben oft Mühe, einen Zustand der Entspannung zu erreichen, der für gutes Alpha so wesentlich ist. Anfangsversagen führt bei den Betreffenden gelegentlich dazu, Alpha produzieren zu *wollen;* dies führt unweigerlich zu einem niedrigeren Leistungsniveau, falls überhaupt irgendwelche Leistung zustandekommt.

Die Erfahrungen von *Alpha House* scheinen nahezulegen, dass Alpha ein äusserst individuelles Erlebnis ist, gleichgültig, ob man sich in einer Gruppe befindet oder nicht. Im gegenwärtigen Zeitpunkt steht *Alpha House* als etwas Einzigartiges da. Sein Erfolg sowie der Enthusiasmus, den es ausgelöst hat, scheinen sogar noch eine grössere Verbreitung zu versprechen. Hoffentlich wird dies nicht auf Kosten seines Charmes gehen.

Das Bewusstseins-Labor

Ein weiteres der kürzlich aufgeblühten Alpha-orientierten Unternehmen wird vom Dramatiker und Schriftsteller Norman Sturgis geleitet. Sturgis betreibt im kalifornischen Mill-Valley das *Theatre-Media-Lab,* an dem er zweimal pro Woche unterrichtet. Aus dieser Betätigung gewann er einen guten Teil seiner Philosophie, insofern diese mit Alpha zusammenhängt. Ein Grundthema seines Unterrichts ist die Idee der Entspannung und der inneren Zufriedenheit, zugunsten einer freien und schöpferischen Produktivität. Aus diesem Grund werden viele seiner Studenten zur Erforschung der Alpha-Erfahrung aufgefordert.

Im Laufe der 25 Jahre, die Sturgis am Theater verbracht hat, studierte er verschiedene Kommunikations-Konzepte. Er glaubt, dies habe ihm ein waches Bewusstsein über den Beitrag verliehen, den Kreativität, Geistesruhe und Selbstsicherheit zum menschlichen Handlungsprozess leisten. Verschiedene *Seins-Zustände* gehören schon seit 25 Jahren zu seinem Beruf; dies wird durch seine Alpha-Forschung lediglich um einen Schritt weitergeführt.

Kürzlich kaufte sich Sturgis ein PSI-360-Alpha-Gerät. In der Hoffnung, seine Investition teilweise entschädigt zu bekommen und gleichzeit zur Verbreitung der Alpha-Erfahrung beizutragen, liess er in einer grossen Tageszeitung eine Anzeige erscheinen, in welcher jedermann, der an der Überprüfung seiner Gehirnwellen sowie an einer erhöhten Alpha-Produktion interessiert sei, aufgefordert wurde, mit ihm über das Bewusstseins-Labor *(Awareness Lab)* Verbindung aufzunehmen. Wie Sturgis berichtet, gab es eine ziemlich lebhafte Reaktion. Er schlägt den Interessenten Einzel-Verabredungen vor, für die sie jeweils zwischen drei und fünf Dollar bezahlen, je nach Anzahl der Sitzungen.

Die Trainingsstunden werden bei ihm zu Hause abgehalten, inmitten einer entspannten ‹Geschäfts-Atmosphäre›. An einem Anschlagbrett ist auf einem maschinenbeschriebenen Blatt eine kurze Beschreibung von Alpha zu lesen, wobei auch angegeben wird, was der Schüler von seinen ersten Erfahrungen zu erwarten hat.

Die meisten Leute, die sich bei Sturgis melden, sind hauptsächlich daran interessiert, das Gerät während einer einmaligen Sitzung auszuprobieren. Bei manchen hat sich das Interesse jedoch so weit entwickelt, dass sie schliesslich ein eigenes Gerät gekauft haben.

Es macht fast den Anschein, als ob die Lage von Sturgis' *Awareness Lab,* das sich hoch oben auf einem mit Bäumen bedeckten Hügel befindet, in der Absicht gewählt worden wäre, zu einer besonders hohen Alpha-Leistung anzuregen. Das Gebäude selbst ist ein gemütliches Landhaus mit fünf Zimmern. Ein an das Wohnzimmer angrenzendes kleines Zimmer ist für den ausschliesslichen Gebrauch von Sturgis' Alpha-Kunden abgetrennt worden. Sturgis hat eine nahrhafte Geldsumme in seine Anlage stecken müssen.

Auf einem bequemen Stuhl ist ein elektronisches Gerät montiert, das den Kopfhörer mit dem Verstärker verbindet. Dieser überträgt die verstärkten Schwingungen auf einen Lautsprecher, so dass auch andere im Zimmer Anwesende die Alpha-Leistung hören können, während sich der Schüler durch den Kopfhörer selbst überwacht. Ein anderer Kabelstrang führt vom Kopfhörer zu einem Oszilloskop. Ist der Betreffende während seiner Alpha-Produktion an das Oszilloskop angeschlossen, dann erscheinen die Alpha-Wellen auf dem Bildschirm als steigende und fallende Echozeichen.

Es kann vorkommen, dass der Anfänger mit einigen Geräte-Bestandteilen gelegentlich Mühe hat. Will man beispielsweise vom Oszilloskop Gebrauch machen, dann muss man die Augen offen halten. Und bei einem Anfänger besteht immer die Möglichkeit einer visuellen Ablenkung, die ihn daran hindert, auf regelmässige Weise Alpha-Wellen zu produzieren. Die meisten Anfänger ziehen es deshalb vor, ihre Alpha-Leistung nur mit Hilfe von auditivem Feedback fortzusetzen. Haben sie diese Technik einmal gemeistert, dann können sie dazu übergehen, die Augen offen zu halten.

Sturgis lässt die Gehirnwellen-Bilder bei seinen Heim-Sitzungen oft auf Band aufzeichnen. Er schickt die Bänder an ein Labor, wo sie von einem Computer auf die verschiedenen Gehirnwellen-Stufen hin untersucht werden. Gegenwärtig ist sein Hauptinteresse, abgesehen von Alpha, auf die Theta genannte Wellenform gerichtet – von der man annimmt, dass sie zum kreativen Prozess in einer gewissen Beziehung stehe.

Seit Sturgis seine Dienste der Allgemeinheit anbietet, hat seine Kundschaft ein Spektrum erreicht, das vom Lehrer über den Geschäftsmann bis zum Verfasser vom kommerziellen Fernseh-Script reicht. Einige der Kunden werden zweifellos einfach aus Neugier angezogen, während andere Alpha als Antwort auf ihre ganz spezifischen Bedürfnisse ansehen. Ein Geschäftsmann hoffte, durch seine Alpha-Erfahrung sein Geschäft vergrössern zu können, doch war er vom Resultat nicht befriedigt. Ein anderer Kunde fühlte sich äusserst nervös, doch nach einem Alpha-Versuch beklagte er sich: «Wenn ich Alpha produziere, kann ich nicht denken.» Das störte ihn, und so gab er auf. (Nebenbei gesagt: nach Sturgis Angaben gehören Geschäftsleute aus dem einen oder andern unerfindlichen Grund einer ‹alpha-schwachen› Berufsgruppe an.)

Eine Frau, ebenfalls eine Kundin von Sturgis, klagte über die grosse Mühe, die es ihr bereite, um andere Leute herum zu sein, da sie in gesellschaftlichen Situationen von Angstzuständen geplagt werde. Sturgis Technik verband die Alpha-Kontrolle mit der altmodischen Kästchen-Psychologie à la Skinner. Er stellte ein Lichtkästchen auf, das auf einer Seite aus lichtdurchlässigem Glas bestand, worauf eine Fotografie von Menschen geklebt wurde. Quer über das Bild stand das Wort *Menschen* geschrieben.

Sobald die Kundin ihre Kopfhörer anhat und beginnt, in den angenehmen, entspannten Alpha-Zustand hinüberzugleiten, leuchtet das ‹Menschen›-Bild auf, wodurch eine Verbindung zwischen dem Gedanken ‹Menschen› und der angenehmen Alpha-Erfahrung hergestellt wird. Die Kundin behauptet, dass die Sache funktioniert, und hat die Absicht, solange ins Lab zu kommen, bis ihr Problem vollkommen gelöst ist.

Die Mehrzahl von Sturgis Kunden sind berufstätig. Sie sind jung, meist zwischen 25 und 35 Jahre alt. Ihre Aussagen über nachträglich gemachte Alpha-Beobachtungen reichen von leichter Euphorie bis zu erhöhter Freude am Sex. Eine Lehrerin behauptet, sie fühle sich äusserst entspannt, gelegentlich in einem solchen Mass, dass ihr ihr Job mühelos von der Hand ginge.

Obwohl der für Medlab in San Francisco tätige Forschungsleiter, ein zukünftiger Produzent von Alpha-Geräten, sich nicht an der Arbeit des *Awareness-Lab* beteiligt hat, ergänzen seine Erfahrungen mit dem Alpha-Effekt diejenige der eben zitierten Lehrerin. Er ist zum Schluss gekommen, dass die Alpha-Kontrolle etwas äusserst Nützliches ist, wenn man während gespannter Geschäftsmeetings seine Ruhe wiedererlangen oder in kurzer Zeit ein schwieriges Problem lösen will. Er meint: «Es ist wie das ‹Auf-Zehn-Zählen›, wenn man vor Wut ausser sich ist – nur dass man in diesem Fall die Gewissheit hat, sich bewusst auf Alpha einzustellen.» Gelegentlich geht er sogar noch einen Schritt weiter, um Alpha mit Selbst-Hypnose zu kombinieren. Er hat die Feststellung gemacht, dass diese Kombination einem zur entsprechenden inneren Verfassung verhilft, wenn dringende Aufgaben zu erledigen sind.

Alpha ist vielen Vieles – einige wünschen sich Erfolg, andere möchten ihre Kommunikationsfähigkeit steigern. Doch Bob Nelson, ein Rehabilitationsberater, ist von seinen Erfahrungen mit Alpha zur Ansicht geführt worden, dass es auch für die therapeutische Psychologie wertvoll sein kann. Nelsons Ideen bewegen sich nach eigener Aussage im Bereich von therapeutischen Zielsetzungen. Er glaubt, einige Kunden werden dasselbe durchdringende Ruhegefühl erlangen wie er selbst. «Ich bin auf Alpha, wenn die Dinge im Fluss sind. Es tritt auf, sobald ich keiner unnötigen Reibung ausgesetzt bin, etwa Auseinandersetzungen mit anderen Menschen. Alpha», so meint er, «heisst, so sehr auf Kontrolle zu sein, dass ich die Vorstellung von Kontrolle aufgeben kann. Ich fliesse frei dahin; es ist eine Erfahrung des Jetzt-Seins. Alpha heisst mit sich selbst eins zu werden.»

7
Der Bau von Biofeedback-Geräten

Hinweis für den Leser

Einige Forschungsuntersuchungen auf dem Gebiet der Alpha-Gehirnwellen weisen auf die Möglichkeit und Gefahr von physischer und/oder medizinischer Schädigung hin, die für den Benützer von Alpha- und Biofeedbackgeräten besteht. Dies kann das Ergebnis einer unrichtigen Montage oder eines Nichtfunktionierens des Gerätes sein. Es sei nachdrücklich empfohlen, die gesamte Apparatur vor Gebrauch von einem qualifizierten Elektrotechniker überprüfen zu lassen. Die Autoren, Verleger oder deren Agenten übernehmen keinerlei Verantwortung für Montage, Gebrauch oder Schwierigkeiten, die sich im Zusammenhang mit Gerätebestandteilen ergeben mögen.

Zur Zeit ist der Kauf von kommerziellen Biofeedback-Geräten von Fallen umstellt. Seit dem Biofeedback-Boom in der Massenpresse sind zahlreiche Apparategesellschaften entstanden. Die Qualität der von diesen Gesellschaften hergestellten Geräte, die der Verstärkung, der Filterung sowie der Rückkoppelung von Biofeedback-Signalen dienen, ist bis heute ziemlich schlecht. Es macht den Anschein, als ob die Hersteller in gewissen Fällen mehr Zeit, Geld und Mühe auf die Vorbereitung von spekulativen Verkaufsanzeigen als auf den Entwurf und den Bau ihrer Instrumente verwendet hätten. Obwohl dem Leser einige Hinweise gegeben werden, um ihm die Wahl eines passenden Biofeedback-Geräts zu erleichtern, falls er eines kaufen will, wird er doch weit grössere Chancen haben, Ausgaben und Risiko einschränken zu können, wenn er mit Hilfe der in diesem Kapitel angegebenen sein eigenes Gerät baut.

Die *Gesellschaft für Psycho-Physiologische Forschung* hat sich über die uneingeschränkte Herstellung von Biofeedback-Geräten und deren Verkauf an die Öffentlichkeit sehr besorgt gezeigt. Sie meint, dass diese Geräte qualitativ minderwertig seien (z. B. EEG-Geräte, die auf Muskel-Artefakte mit einem Rückkoppelungssignal antworten) und ausserdem mit extravaganten Werbeversprechungen verkauft würden, die von der Steigerung der sexuellen Potenz bis zur Eliminierung von Phobien reichen. Eine ähnliche Besorgnis angesichts des uneingeschränkten Verkaufs der über zwei Dutzend verschiedenen Alpha-Biofeedback-Apparate, die sich gegenwärtig auf dem Markt befinden, hat die *US Food and Drug Administration* dazu geführt, medizinische Kontrollmassnahmen in Erwägung zu ziehen. Weitere Bundesregelungen können die Biofeedback-Ausrüstungen schliesslich unter den Schirm von Verordnungsartikeln bringen, so dass sie nur mit einer Spezialbewilligung oder einer Arztunterschrift erhältlich sein würden.

Derartige Regelungen werden zweifellos zu einer Kontroverse führen. Einerseits würde sich wahrscheinlich die Qualität der Geräte und Instrumente verbessern, gleichzeitig würden auch die ‹Regeln›, die den Wahrheitsgehalt von Reklame-Informationen über Gebrauch und Wirkung verschiedener Feedback-Varianten betreffen, mit grösserer Sorgfalt befolgt werden. Doch andererseits könnte durch eine Regelung die allgemeine Zugänglichkeit der Alpha-Erfahrung beeinträchtigt werden. Eine bedeutend geringere Zahl von Laien würde imstande sein, sich eine Biofeedback-Ausrüstung anzuschaffen oder sich auf eine persönliche experimentelle Arbeit mit der Körper-Geist-Kontrolle einzulassen. Hätten solche Beschränkungen einmal ihren Höhepunkt erreicht, so wäre es selbst für Wissenschaftler schwierig, Biofeedback-Phänomene ungehindert studieren zu können, wie das seinerzeit bei den Marihuana- und LSD-Forschern der Fall war. Der Endeffekt mag in einer Reduzierung der fruchtbaren Biofeedback-Forschung sowie auch von deren praktischer Anwendung bestehen.

Gegenwärtig haben jedoch wohl kaum viele Wissenschaftler Grund zur Beunruhigung, da sie oft Labor-Techniker einstellen, die sich auf den Gebieten der Elektronik und des Gerätebaus gut auskennen. So können sie sich Biofeedback-Ausrüstungen bauen lassen, die ihren Spezialbedürfnissen genau entsprechen. Da jedoch nur wenige von uns Wissenschaftler sind, wird es vor allem das breite Publikum sein, welches von einer Bundesregelung über die Biofeedback-Geräte am meisten betroffen würde.

Zur Zeit stehen der persönlichen Erforschung von Biofeedback grundsätzlich noch immer drei verschiedene Wege offen:

1) Man kann sich eine Feedback-Ausrüstung kaufen, die bereits auf dem Markt ist.

2) Man kann sich als Versuchsperson an den Biofeedback-Experimenten einer Universität beteiligen.

3) Man kann seine eigene Ausrüstung herstellen.

Gegenwärtig gibt es in den USA nicht weniger als dreissig verschiedene Hersteller von Biofeedback-Geräten. Alpha-Trainings-Geräte sind sehr populär geworden, während gleichzeitig auch das Interesse an anderen Gehirnwellen zugenommen hat. Für den Heim-Forscher gibt es jedoch noch andere Arten, mit Biofeedback zu experimentieren, die verhältnismässig einfach, billig und der Mühe wert sind.

Die Preise für EEG-Feedbackgeräte liegen ungefähr zwischen 35 und 500 Dollar, wobei der Durchschnittspreis etwa 200 Dollar beträgt. Die Preise dieser Apparate sind nun aber infolge der Entwicklung der integralen Schaltung (Integral Circuit, Abk. IC) in den Bereich der Konsumenten gerückt. Eine integrale Schaltung ist eine festgelegte Komplex-Schaltung, die als eine einzelne Baueinheit

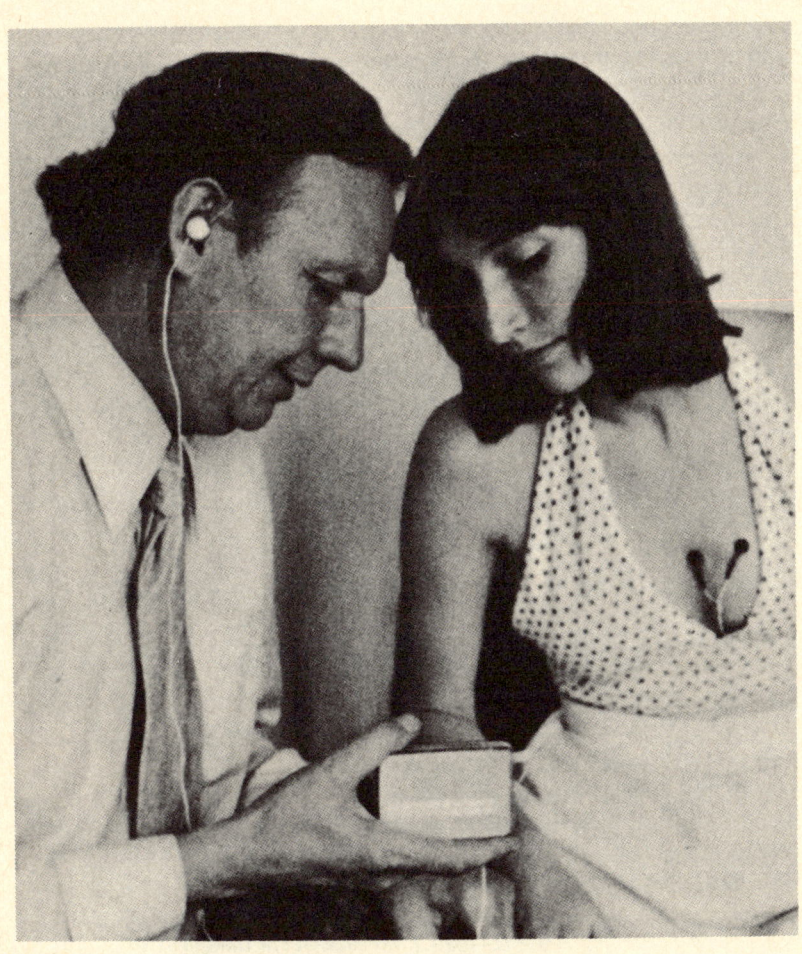

Bild 6: Obwohl GHR-Feedback-Kontrollgeräte nicht direkt Alpha-Gehirnwellen registrieren, zeigt das abgebildete Gerät, dass es möglich ist, Feedback-Geräte in kompakter und portabler Form zu bauen. Dieses batteriebetriebene Gerät, das in der Hand Platz hat, kontrolliert die Hautreaktion vermittels Elektroden, die an verschiedenen Fingerspitzen oder anderen Körperstellen befestigt sind.

hergestellt wird, welche normalerweise nicht ganz die Grösse eines Zehn-Cent-Stücks hat. Diese Baueinheit kann an andere IC's angeschlossen werden und zum Bau von Stereoverstärkern, EEG's, Computern usw. verwendet werden. Die Beliebtheit und Brauchbarkeit dieser winzigen Schaltungen hat zu ihrer Massenproduktion geführt, wodurch sich ihre Kosten spürbar gesenkt haben. Jüngste Beispiele ihrer Auswirkung auf die IC-Preise sind die elektronischen Taschenrechner sowie die Digital-Armbanduhren.

Im allgemeinen gelten für eine Biofeedback-Ausrüstung die gleichen Regeln, die beim Kauf jedes grösseren elektronischen Geräts in Betracht kommen. Gibt es dabei irgendwelche Garantien? Für wie lange stellt sich die Gesellschaft hinter ihr Produkt? Befindet sich im Quartier des Lesers eine Filiale? Gibt es Service-Agenten, die im Auftrag einer anderen Gesellschaft geschickt werden? Sind die Beschreibungen der technischen Bestandteile nur mühsam zu entziffern? Enthalten sie genügend Instruktionen? Ein wissenschaftliches Gerät zu kaufen heisst noch lange nicht, dass man beim Kauf nicht ein Opfer der gleichen Verkaufstechniken werden kann, die auch beim Verkauf von Autos, Waschmaschinen und Stereo-Anlagen angewendet werden. Leicht begeht man den Fehler, bei derjenigen Gesellschaft zu kaufen, welche die grösste Feedback-Wirkung verspricht. Die Wirkung des Geräts variiert jedoch von Mensch zu Mensch, ganz einfach, weil es einem die eigenen biologischen Veränderungen genau und zuverlässig zurückmeldet.

Glücklicherweise gibt es eine einfache Formel, die einem dabei helfen kann, das beste Alpha-Gerät zu kaufen. Sie erfordert die Beantwortung von vier Fragen, zusätzlich zu den bereits gestellten bezüglich Verlässlichkeit und Service des Herstellers.

1) *Mit welcher Art Elektroden ist das Gerät ausgerüstet?*
   a) Rostfreie Stahlelektroden sind am schlechtesten
   b) ‹Wegwerf›-Silber/Silber-chlorid Elektroden: besser
   c) Dauer-Silber/Silber-chlorid Elektroden: am besten

Störungen werden bei steigender Elektrodenqualität auf ein Minimum reduziert. c-Elektroden sind bezüglich des Elektroden-Geräuschs und des langfristigen Elektroden-Drifts die besten.

Bild 7: Die Mehrzahl der erhältlichen Gehirnwellen-Monitorgeräte messen sowohl Alpha- als auch Theta-Wellen. Die Elektroden, die bei diesem Modell im Kopfband eingesetzt sind, fangen die Gehirnwellen auf und die Elektro-Schaltung wandelt sie in hörbare Töne um.

2) *Wie hoch ist die Common-Mode-Rejection?*
   a) Weniger als 40 d ist für die meisten Städte unzureichend
   b) 60 d ist besser
   c) 80 d und mehr ist am besten

Die sogenannte Common-Mode-Rejection (CMR) gibt an, wie gut das Gerät gegen starke elektrische Felder sowie gegen die Strahlung von 60 Hz Stromleitungen abgeschirmt ist. Eine niedrige CMR nimmt den Filter stärker in Anspruch und verzerrt ausserdem die aus dem Gehirn kommenden Feedback-Signale, in die sich ein Summen hineinmischt.

3) *Wieviel Kontrollknöpfe hat das Gerät?*
   a) 2 (Empfindlichkeit und Volumen) absolutes Minimum
   b) 3 (Empfindlichkeit, Volumen und direkte oder vermittelte Integration): besser
   c) 5 und mehr (Empfindlichkeit, Volumen, Integration, Modulation, Schwelle, Bandwahl): am besten

Die Zahl der vorhandenen Kontrollknöpfe ist ein Massstab für die Flexibilität des Geräts. Dabei ist die Feedback-Kontrolle am wichtigsten. Als nächstes kommt die Frage, ob der Empfindlichkeitsregler für die Aufzeichnung des täglichen Fortschritts geeicht ist.

4) *Wie hoch ist der Differential-Widerstand für die Gehirn-Wellen?*
   a) 100 kOhm ist das Minimum
   b) 1 mOhm ist besser
   c) Ein megOhm (meg) und mehr ist am besten

Der Eingangs-Widerstand verringert die Stärke des Gehirnwellen-Signals und verlangt eine höhere Verstärker-Leistung. Je kleiner der Widerstand wird, um so mehr Verstärkerleistung wird erfordert, was unweigerlich zu Instabilität und schlechter Dämpfung führt.

Um diese Dinge beantworten zu können, muss sich der Käufer den Schaltplan des Herstellers auf die vier Fragen hin ansehen. Falls kein Schaltplan erhältlich ist, vergisst man die technischen Daten am besten – entweder wird ein armseliger Entwurf hinter

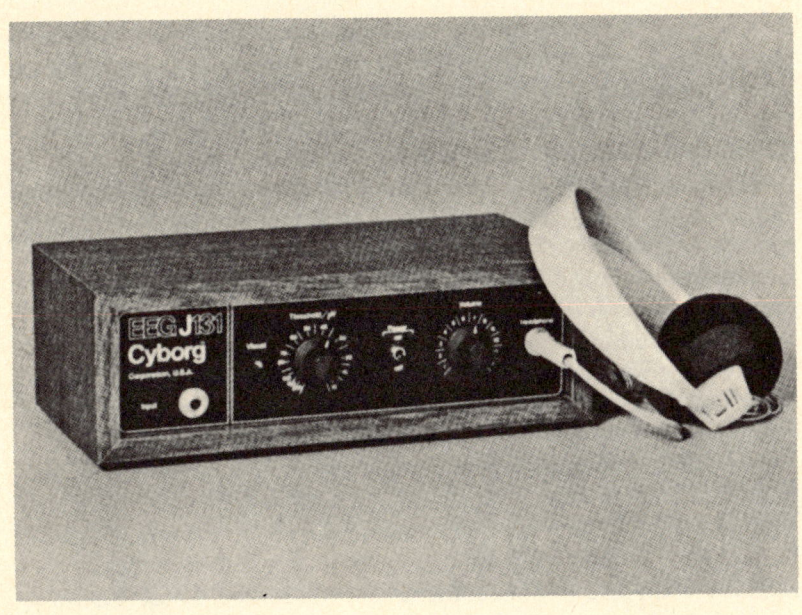

Bild 8: Diese Gehirnwellen-Trainingsanlage sendet die aufgespür-
ten Feedback-Signale in die vom Benützer getragenen Kopfhörer.
Einige Anlagen, die auf dem Markt zu finden sind, besitzen wie das
hier abgebildete Modell ein Aufleuchte-Gerät, das die Produktion
ganz bestimmter Gehirnwellen-Frequenzen auch visuell anzeigt.

raffinierter Reklame versteckt, oder der Leser ist zu faul, um die vier Punkte herauszufinden.

Hat man die verschiedenen Schaltpläne erhalten, so setzt man sich am besten hin, um sie miteinander zu vergleichen; dann vergleiche man auch die Preise. Man wird erstaunt sein.

Glücklicherweise ist dem Leser ein grosser Teil dieser Arbeit bereits abgenommen worden. In einer an den *American Scientist* eingesandten Untersuchung mit dem Titel: «Über Brot, Zirkusse und Alpha-Geräte» haben Robert L. Schwitzgebel und John D. Rugh von der Claremont Graduate School eine Vergleichsliste zusammengestellt, auf der 12 Alpha-Geräte, die unter 200 Dollar kosten, aufgeführt sind. Die Ergebnisse sprechen für sich selbst.

Es wird eine Hilfe sein, sich daran zu erinnern, dass die winzigen elektrischen Ströme, die im Gehirn erzeugt werden und die wir Gehirnwellen nennen, als physiologische Prozesse gelten, die nur schwer mit Genauigkeit aufzuzeichnen sind. Sie sind sowohl für menschliche als auch für umgebungsmässige Veränderungen äusserst empfänglich. Da sie sich vom einen Tag auf den andern verändern können, ist eine ziemlich komplizierte Messeinrichtung erforderlich. Diese Faktoren sowie die Tatsache, dass der Anfänger von der Funktionsweise des zentralen Nervensystems nur ein beschränktes Wissen besitzt, sind für gewisse Anfangsschwierigkeiten bei der Produktion und Kontrolle von Alpha verantwortlich. Der Leser tröste sich jedoch damit, dass selbst erfahrene Wissenschaftler ziemlich häufig Aufzeichnungsschwierigkeiten begegnen.

Der Leser mag das Bedürfnis haben, mit seiner Biofeedback-Erforschung bei einem der weniger komplizierten physiologischen Systeme anzufangen. Die galvanische Hautreaktion (GHR) erfordert nur eine relativ einfache und billige Ausrüstung, mit der sich leicht arbeiten lässt.

Die GHR ist eine Veränderung im Widerstand, den die Haut einem sie durchziehenden schwachen elektrischen Strom entgegensetzt. Die Veränderung, die teilweise durch das Schwitzen verursacht wird, ist ein Aspekt der physiochemischen Antwort des Körpers auf emotionelle Reize. Allgemein ausgedrückt: je emotioneller der Körper reagiert, um so weniger elektrischen Widerstand bietet er. Der Strom ist viel zu schwach, um vom Betreffenden selbst wahrgenommen werden zu können, und er verursacht keinerlei Unwohlsein. Mit die-

Bild 9: Komplizierte Feedback-Apparaturen wie die hier abgebildete sind eher für den berufsmässigen Forscher oder Wissenschaftler als für den Anfänger bestimmt. Solche Anlagen können gleichzeitig verschiedene physiologische Funktionen überwachen, wodurch sich von der Versuchsperson ein Gesamteindruck ergibt.

ser Methode lassen sich Angst-Zustände sehr leicht feststellen; sie kann, bei entsprechendem Feedback, für ein Angst-Abbau-Training dienen. Die Wirkungen, die von einer Verringerung der GHR-Zahl und einer Erhöhung des Hautwiderstandes auf das Bewusstsein ausgeübt werden, weisen in manchen Fällen eine Ähnlichkeit mit dem entspannten Alpha-Zustand auf.

Es bleibt zu hoffen, dass die relativ unkomplizierten GHR-Schaltungen dem Elektro-Bastler ermöglichen werden, einen billigen GHR-Feedback-Apparat herzustellen.

Das Gerät mit dem hier wiedergegebenen Schaltschema löst jedesmal ein optisches Feedback-Signal aus, wenn der Widerstand eine starke Veränderung erfährt.

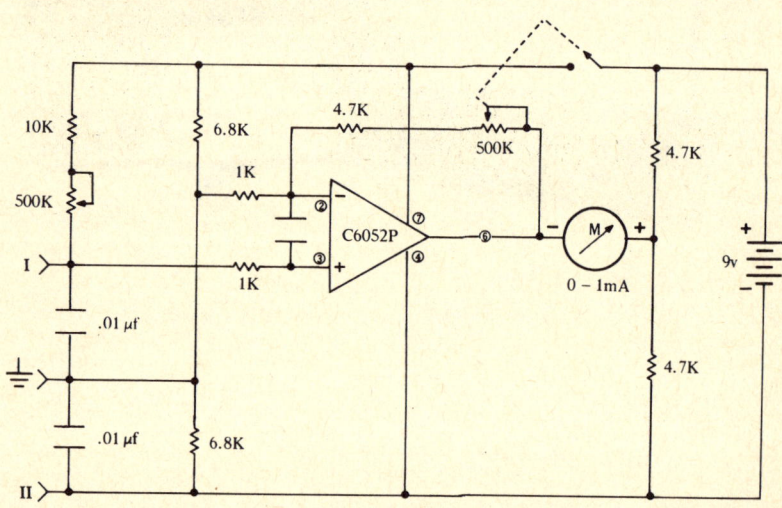

In dieser Schalt-Anordnung bildet der Hautwiderstand der Versuchsperson den einen Pfeiler der Brücke (Wheatstone-Bridge), während der andere Pfeiler von Widerständen gebildet wird. Leitet man eine geringe Spannung durch die Brücke, so wird jede Veränderung des Widerstands der Versuchsperson als Differential-Spannung sichtbar und durch den Verstärker (OP AMP, C 6052 P) verstärkt werden. Die allgemeine Idee der Wheatstone-Brückenschaltung geht aus dem untenstehenden Diagramm hervor.

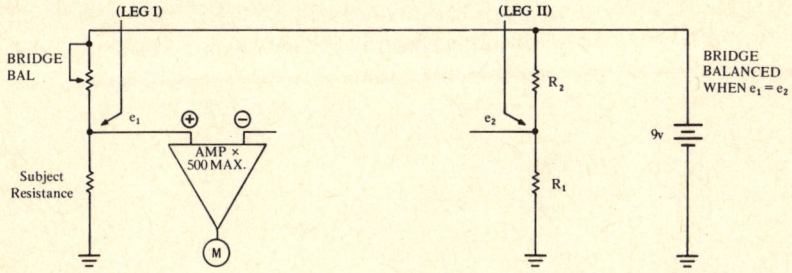

Die einfache und doch sehr nützliche Schaltung lässt viele Modifikationen zu. Die obige Abbildung zeigt, wie die Spannung innerhalb des Systems stabilisiert werden kann, so dass es beim Strommessgerät M zu keinem Zeigerausschlag kommt. Wenn sich der Widerstand der Versuchsperson abrupt verändert, wird zwischen Pfeiler I und II der Brücke eine Differential-Spannung verursacht. Dieses Differential wird vom OP AMP verstärkt und vom Strommessgerät in Form eines Zeigerausschlags registriert (Feedback).

Diese Schaltung arbeitet somit mit Mechanismen, die verlangen, dass der durchschnittliche Hautwiderstand der ausgeruhten Versuchsperson auf den Nullpunkt ausbalanciert wird. Beträgt der durchschnittliche Hautwiderstand beispielsweise 40 Kiloohm, die den einen Pfeiler bilden, so muss zum Ausgleich dieser 40 kOhm beim andern Pfeiler ein entsprechender veränderbarer Widerstand eingebaut werden. Tritt infolge von Spannungs- oder Angstzuständen oder durch unerwartet auftretende äussere Reize im Hautwiderstand der Versuchsperson eine scharfe Veränderung ein, so wird die Brücke durch diese Differenz aus dem Gleichgewicht gebracht, wobei der daraus resultierende Zeigerausschlag als Feedback-Signal dient.

Zum Bau dieser Schaltung werden folgende Bestandteile benötigt:

Anzahl	Beschreibung
3	Kondensatoren, 0,01 mfd
1	Widerstand 10 kOhm
2	Widerstände 6,8 kOhm
2	Widerstände 1 kOhm
3	Widerstände 4,7 kOhm

113

1	Op, amp, Motorola/HEP C 6052P (IC)
1	Schalttafelmessgerät, 1 mA
1	Potentiometer, 500 K linear
1	Potentiometer mit Schalter, 500 K
1	Phenolgehäuse
2	Drehknöpfe
1	Batterieanschluss
3	Bananen-Steckdosen
3	Bananen-Stecker
1 Packung	abgeschirmtes Audio-Kabel, ca. 2,5 m
1	gelochte Schalttafel
1	Minenhalterung (für IC)
1	9-Volt-Batterie

Obwohl die Elektroden-Frage der wissenschaftlichen Forschung viel Kopfzerbrechen verursachen kann, braucht sie uns jedoch im Zusammenhang mit der GHR-Aktivität nicht weiter zu beschäftigen. Die *Hydrometals Inc.* meint, dass brauchbare Elektroden sogar aus einem Paar Velo-Hosenklammern hergestellt werden können. Nachdem man das Metall abgeschmirgelt hat, um Lack und Rost zu entfernen, können die Klammern leicht an der Handfläche befestigt werden. Diese Elektroden müssen natürlich noch an Kabel angeschlossen werden, welche an den Enden mit Bananensteckern versehen sind, die in das GHR-Gerätegehäuse gesteckt werden. Ein abgeschirmtes Audio-Kabel dient diesem Zweck recht gut. Der Draht des Kabels wird am einen Ende an die Elektrode, am andern an den Bananen-Stecker angelötet. Die äussere Draht-Schutzumhüllung beider Kabel wird zusammengeführt und an den dritten Bananen-Stecker angelötet. Man vergesse nicht, vor dem Befestigen der Elektroden die Handflächen zu trocknen.

Es sollte noch erwähnt werden, dass, obwohl dieses GHR-Gerät einfach herzustellen ist, die damit erzielten Ergebnisse auf wissenschaftlichem Boden umstritten sind. Man bedenke etwa, dass ein Strom durch die Versuchsperson geleitet werden muss, damit die Brücke ausbalanciert werden kann. Welche Wirkung hat dieser Kompensations-Strom auf die Versuchsperson? Man bedenke auch, dass die Brücke und somit auch der Betrieb des ganzen Geräts ausserordentlich non-linear ist; der Geräte-Widerstand wird sich der allmählichen Veränderung des Widerstands der Versuchsperson anpassen.

Abgesehen von diesen Vorbehalten kann ein solches GHR-Gerät sehr interessante Vorgänge sichtbar machen, die mit grobphysiologischen Widerstandsveränderungen bei der Versuchsperson verbunden sind.

Falls Sie ein wirklicher ‹Do-it-yourselfer› sind, möchten Sie sich vielleicht eine veröffentliche Sammlung von Plänen ansehen, die Ihnen beim Bau eines Alpha-Biofeedback-Monitors als Anleitung dienen können. Ein in der Januar-Ausgabe des Jahres 1973 in *Popular Electronics* unter dem Titel ‹Alpha-Gehirnwellen-Feedback-Monitor› erschienener Artikel enthält eine detaillierte Funktions- und Bauanleitung für einen leistungsstarken EEG-Feedback-Monitor. Auch ein Bestandteil-Kasten sowie ein Leitfaden für die Monitor-Montage können über die Zeitschrift bezogen werden. *Popular Electronics* wird von den meisten Bibliotheken geführt. Der Deutlichkeit halber wird der Schaltplan des Alpha-Geräts nachstehend mit freundlicher Erlaubnis des Autors abgedruckt. Es sollten sich jedoch nur Personen, die mit derartigen Experimenten genügend Erfahrung besitzen, an den Geräte-Bau machen und vorher den ganzen PE-Artikel gelesen haben.

Eine annähernd vollständige Bestandteilliste für die EEG-Feedback-Schaltung sieht folgendermassen aus:

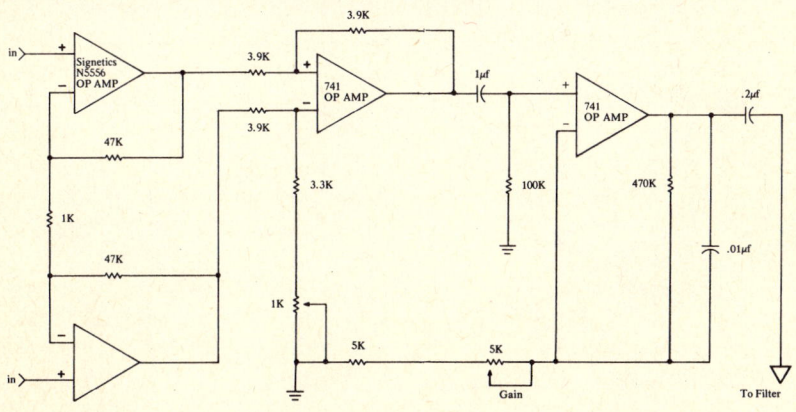

INPUT AMPLIFIERS

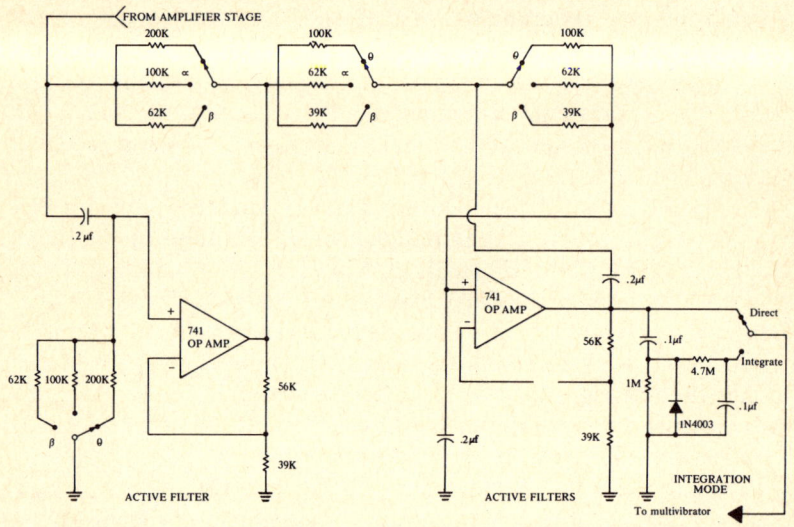

ACTIVE FILTER

ACTIVE FILTERS

INTEGRATION MODE

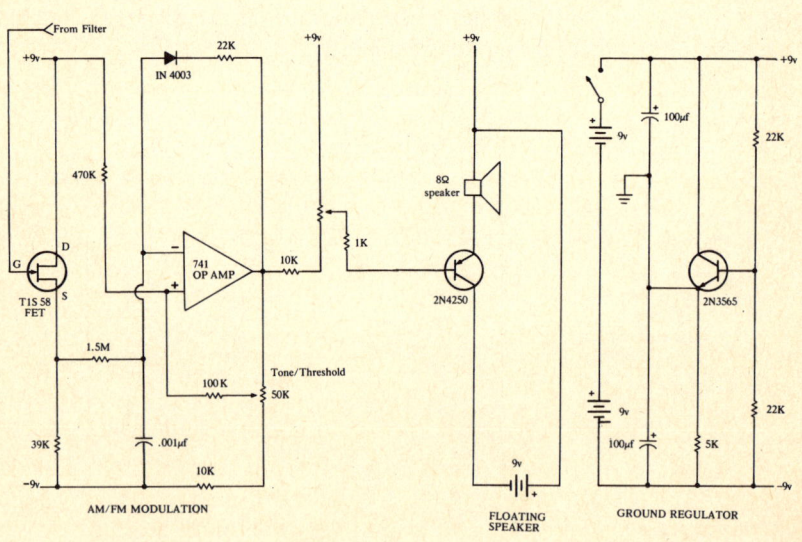

AM/FM MODULATION

FLOATING SPEAKER

GROUND REGULATOR

Anzahl	Beschreibung
3	9-Volt-Batterie
1	Signal-Kondensator, 1 mfg, 10%
1	Scheiben-Kondensator, 0,01 mfg
4	Mylar-Kondensator, 0,2 mfg, 10%
2	Mylar-Kondensator, 0,1 mfg, 10%
1	Mylar-Kondensator, 0,0001 mfg, 10%
2	Elektrolyt-Kondensator, 100 mfg, 2 Volt
2	Silikon-Diode, IN 4003
2	OP AMP, N 5556 (signetics)
5	OP AMP, 741
1	FET, TIS58
1	Transistor 2N4250
1	Transistor 2N3565
2	Widerstand, 1K, ¼ Watt, 5%
2	Widerstand, 47K, ¼ Watt, 5%
3	Widerstand, 3,9K, ¼ Watt, 5%
1	Widerstand, 3,3 K, ¼ Watt, 5%
6	Widerstand, 100K, ¼ Watt, 5%
2	Widerstand, 470K, ¼ Watt, 5%
2	Widerstand, 5K, ¼ Watt, 5%
4	Widerstand, 62K, ¼ Watt, 5%
2	Widerstand, 200K, ¼ Watt, 5%
2	Widerstand, 56K, ¼ Watt, 5%
5	Widerstand, 39K, ¼ Watt, 5%
1	Widerstand, 1M, ¼ Watt, 5%
1	Widerstand, 4,7M, ¼ Watt, 5%
1	Widerstand, 1,5M, ¼ Watt, 5%
3	Widerstand, 10K, ¼ Watt, 5%
1	Lautsprecher, 8 Ohm

Das fertige Gerät ermöglicht nicht nur ein Feedback von Alpha-, sondern auch von Beta- (über 15 Hz) und von Theta- (5–7 Hz) Gehirnwellen.

Dieses spezielle, mit EEG-Schaltungen versehene Gerät weist – wie das für teure Ausrüstungen normal ist – mehrere Vorteile auf.

Zum Beispiel ermöglichen 4polige Banddurchgangsfilter, die auf die Zentralfrequenz von Alpha, Beta und Theta abgestimmt sind, eine Identifikation dieser bandengen Niederfrequenz-Wellenformen. Auch die Art des auditiven Feedbacks ist bemerkenswert. Diese Schaltungen schliessen u. a. einen direkten/integralen Schalter ein, der bestimmt, welcher Teil der Gehirnwellen den Ton verändern soll. Bei der Direkt-Variante wird die den Filter gerade durchlaufende Gehirnwelle vom Feedbackton andauernd aufgespürt. Bei der Integral-Variante kommt es zu weniger Feedback, weil nur die Gipfel der sich während einer bestimmten X-Zeit bildenden gefilterten Welle den Ton auslösen. Ein weiteres Charakteristikum des Feedback-Tons ist, dass seine Frequenz moduliert werden kann (FM), soll er der Geschwindigkeit der Gehirnwelle angepasst werden; es kann auch seine Amplitude moduliert werden (AM), damit er dadurch der Wellenlänge entspricht. Ausserdem kann der Feedbackton auch so eingestellt werden, dass er einer Kombination von AM und FM entspricht.

Nach der vollendeten Herstellung des Geräts wird die Schaltung noch ausgeglichen werden müssen, etwa dadurch, dass die Verstärker-Ausgänge ausbalanciert werden: um sie einander anzugleichen, werden die Potentiometer in einer bestimmten Weise eingestellt, worauf bekannte Spannungen zur Messung durch die Schaltung geleitet werden. Man wird sich etwas mehr technischer Mittel bedienen müssen, um auch das EEG-Feedback-Gerät mit Erfolg in Betrieb nehmen zu können.

Wir möchten dem Leser versichern, dass dies eine ausgezeichnete Schaltung ist und dass sie ein Gerät hervorbringt, das mit teuren und raffinierten Modellen voll konkurrenzfähig ist. Es ist für die Forschung, für die Meditation sowie ganz allgemein für jedes Experimentieren mit Gehirnwellen-Biofeedback geeignet.

8
Bibliographie

Albino, R., and **G. Burnand,** ‹Continuing of the alpha rhythm in man.› Journal of Experimental Psychology, Vol. 67 (1964), pp 539–544.

‹Alpha Waves of the future.› Time, Vol. 98 (July 19, 1971), p 33.

Anand, B. K., G. Chhina, and **B. Baldev Singh,** ‹Some aspects of electroencephalographic studies in Yogies.› Electroencephalography and Clinical Neurophysiology, Vol. 13 (1961), pp 452–456.

‹A Psychophysiological study of out-of-the-body experiences in selected subject.› Journal of the American Society for Psychical Research, Vol. 62 (1968), pp 3–27.

Alterman, M. B., R. C. Howes, and **L. R. MacDonald,** ‹Facilitation of spindle-burst sleep by conditioning of electroencephalographic activity, while awake.› Science, Vol. 167 (1970), pp. 1146–1148.

Bagchi, B., and **M. Wenger,** ‹Electrophysiological correlates of some Yogi exercises.› Electroencephalography and Clinical Neurophysiology, Supplement 7 (1957), pp 132–149.

Barber, T. X., L. DiCara, J. Kamiya, N. E. Miller, D. Shapiro, and **J. Stoyva,** eds., Biofeedback and Self Control, 1970: An Aldine Annual on the Regulation of Bodily Processes and Consciousness. Chicago: Aldine-Atherton, 1971.

Barrat, P., and **J. Herd,** ‹Subliminal conditioning of alpha rhythm.› Australian Journal of Psychology, Vol. 16 (1964), pp 9–19.

Bartley, S. C., ‹The relation between cortical responses to visual stimulation and changes in the alpha rhythm.› Journal of Experimental Psychology, Vol. 27 (1940), pp 627–639.

Bash, K. W., ‹The alpha rhythm during relaxed wakefulness, dreams and hallucinations, twilight states and psychoses.› Psychiatric Clinic, Vol. 1 (1968), pp 152–174.

Beatty, J., ‹Effects of initial alpha waves abundance and operant training procedures on occipital alpha and beta wave activity.› Psychonomic Science, Vol. 23 (1971), pp 197–199.

Beckman, F., and **M. Stein,** ‹A note on the relationship between per cent alpha time and efficiency in problem solving.› Journal of Psychology, Vol. 51 (1961), pp 169–172.

Berkout, J., D. Walter, and **W. R. Adey,** ‹Alterations of the human electroencephalogram induced by stressful verbal acitivity.› EEG Clinical Neurophysiology, Vol. 27 (1969), pp 457–459.

Black, A., ‹The direct control of neural processes by reward and punishment.› American Scientist, Vol. 59 (1971), pp 236–245.

Brown, B. B., ‹Awareness of EEG-subjectivity acitivity relationships detected within a closed feedback system.› Psychophysiology, Vol. 7 (1971), pp 451–464.

Budzynski, T., and **J. Stoyva,** Biofeedback Techniques in Behavior Therapy and Autogenic Training. Unpublished manuscript, University of Colorado Medical Center, 1971.

Chapman, R., L. Cavonius, and **J. Ernest,** ‹Alpha and kappa EEG activity in eyeless subjects.› Science, Vol. 171 (March 19, 1971), pp 1159–1160.

Chertok, L., and **P. Kramarz,** ‹Hypnosis, sleep and electroencephalography.› Journal of Nervous and Mental Diseases, Vol. 128 (1959), pp 227–238.

Childers, D., and **N. Perry,** ‹Alpha-like activity in vision.› Brain Research, Vol. 25 (1971), pp 1–20.

Darrow, C., and **G. Gullickson,** ‹The role of brain waves in learning and other integrative functions.› Recent Advances in Biological Psychiatry, Vol. 61 (1966), pp 20–27.

Deikman, A., ‹Experimental meditation.› Journal of Nervous and Mental Disease, Vol. 136 (1963), pp 329–343.

Diamant, J., M. Dufek, J. Hoskovec, M. Kristof, V. Perarek, B. Roth, and **M. Velek,** ‹An electrocephalographic study of the waking state and hypnosis.› International Journal of Clinical and Experimental Hypnosis, Vol. 8 (1960), pp 199–212.

Dimond, S., and **G. Beaumont,** ‹Use of two cerebral hemispheres to increase brain capacity.› Nature, Vol. 227 (1970), pp 1261–1262.

Eisendrath, R., ‹The role of grief and fear in the death of kidney transplant patients.› American Journal of Psychiatry, Vol. 126 (1969), pp 381–387.

Engstrom, D., P. London, and **J. Hart,** ‹Hypnotic susceptibility increased by EEG alpha training.› Nature, Vol. 227 (1970), pp 231–243.

Fernandez, H., R. Robinson, and **R. Taylor,** ‹A device for testing consciousness.› American Journal of EEG Technology, Vol. 7 (1967), pp 77–78.

Foulkes, D., and **G. Vogel,** ‹Mental activity at sleep onset.› Journal of Abnormal Psychology, Vol. 70 (1965), pp 231–243.

Giannitrapani, D., ‹EEG average frequency and intelligence.› Electroencephalography and Clinical Neuropsysiology, Vol. 27 (1969), pp 480–486.

Glass, A., ‹Intensity of attenuation of alpha activity by mental arithmetic in females and males.› Physiology and Behavior, Vol. 3 (1968).

Gould, D., ‹All a matter of brain waves,› New Statesman, (January 17, 1969), p 77.

Green, A. M., E. Green, and **E. D. Walters,** ‹Voluntary control of internal states: psychological and physiological.› Journal of Transpersonal Psychology, Vol. 2 (1970), pp 1–28.

Grim, P., ‹Anxiety change produced by self-induced muscle tension and by relaxation with respiration feedback.› Behavior Therapy, Vol. 2 (1971), pp 11–17.

Hardyck, C., and **L. Petrinovich,** ‹Treatment of subvocal speech during reading.› Journal of Reading (February 1969), pp 361–368.

Hart, J., ‹Autocontrol of EEG alpha.› Psychophysiology, Vol. 4 (1968), p 506.

Headrick, M., B. Feather, and **D. Wells,** ‹Unidirectional and large magnitude heart rate changes and augmented sensory feedback.› Psychophysiology, Vol. 6 (1971), pp 132–142.

Hirai, T., ‹Electroencephalographic study on the Zen meditation.› Psychiatria et Neurologia Japonica, Vol. 62 (1960), pp 76–105.

Honorton, C., ‹Relationship between EEG alpha activity and ESP card-guessing performance.› Journal of the American Society for Psychical Research, Vol. 63 (1969), pp 365–374.
‹How much for your alpha machine?› Behavior Today (September 20, 1971).
‹Human Medicine›, Behavior Today (May 31, 1971).

Jacobs, A., and **G. Felton,** ‹Visual feedback of myoelectric output to facilitate muscle relaxation in normal persons and patients with neck injuries.› Archives of Physical Medicine and Rehabilitation, Vol. 50 (1969), pp 34–39.

Kamiya, J., ‹Conscious control of brain waves.› Psychology Today, Vol. 1 (1968), pp 56–60.

Kasamatsu, A., and **T. Hirai,** ‹An electroencephalographic study on the Zen meditation (Zazen)› in Altered States of Consciousness, C. Tart, ed. New York: Doubleday, 1972.

Kasamatsu, A., T. Okeima, S. Takenaka, E. Koga, K. Ikeda, and **H. Sugiyama,** ‹The EEG of Zen and Yoga practitioners.› EEG Clinical Neurophysiology, Vol. 9 (1957), pp 51–52. Supplement.

Kreitman, N., and **J. C. Shaw,** ‹Experimental enhancement of alpha activity.› EEG Clinical Neurophysiology, Vol. 18 (1965), pp 147–155.

Krippner, S., and **M. Ullman,** ‹Telepathy and dreams: a controlled experiment with electroencephalogram-electro-oculogram monitoring.› Journal of Nervous and Mental Disease, Vol. 151 (1970), pp 394–403.

Levenet, H., B. Engel, and **J. Pearson,** ‹Differential operant conditioning of heart rate.› Psychosomatic Medicine, Vol. 30 (1968), pp 837–845.

Loomis, A. L., E. N. Harvey, and **G. Hobart,** ‹Brain potentials during hypnosis.› Science, Vol. 83 (1936), pp 239–241.

Lubin, A., L. Johnson, and **M. Austin,** ‹Discrimination among states of consciousness using EEG spectra.› Psychophysiology, Vol. 6 (1968), pp 122–132.

Miller, H., ‹Alpha waves—artifacts?› Psychological Bulletin, Vol. 69 (1969), pp 279–280.

Nowlis, D., and **J. Kamiya,** ‹The control of electroencephalographic alpha rhythms through auditory feedback and the associated mental activity.› Psychophysiology, Vol. 6 (1970), pp 476–484.

Okeima, T., E. Kogu, K. Ideda, and **H. Sugiyama,** ‹The EEG of Yoga and Zen practitioners.› Electroencephalography and Clinical Neurophysiology, Supplement 9 (1957), p 51.

O'Leary, J., ‹Discoverer of the brain wave.› Science, Vol. 168 (1970), pp 562–563.

Ostrander, S., and **L. Schroeder,** Psychic Discoveries Behind the Iron Curtain. Englewood Cliffs, N.J.: Prentice-Hall, 1970. Deutsch: PSI, Scherz Verlag, Bern-München, 1971.

Pasekewitz, D., J. Lynch, M. Orne, and **J. Costello,** ‹The Feedback Control of alpha activity: Conditioning or disinhibition?› Psychophysiology, Vol. 6 (1970), pp 637–638.

Passerini, D., and **S. Paterson,** ‹A study of cardiac conditioning in man.› Conditional Reflex, Vol. 1 (1966), pp 90–103.

Razran, G., ‹The observable unconscious and the inferable conscious in current Soviet psychophysiology: Interoceptive conditioning, semantic conditioning and the orienting reflex.› Psychological Review, Vol. 68 (1961), pp 81–147.

Schmeidler, G., ‹High ESP scores after a swami's brief instruction in meditation and breathing.› Journal of the American Society for Psychical Research, Vol. 64 (1970), pp 100–103.

Shipman, W., D. Oken, and **H. Heath,** ‹Muscle tension and effort at self-control during anxiety.› Archives of General Psychiatry, Vol. 23 (1970), pp 359–368.

Simpson, H., A. Paivio, and **T. Rogerts,** ‹Occipital alpha activity of high and low visual imagers during problem solving.› Psychonomic Science, Vol. 8 (1967), pp 49–50.

Slater, K., ‹Alpha rhythms and mental imagery.› Electroencephalography + Clinical Neurophysiology, Vol. 12 (1960), pp 851–859.

Smart, A., ‹Conscious control of physical and mental states.› Menninger Perspective (April-May 1970).

Spilker, B., J. Kamiya, E. Callaway, and **C. Yeager,** ‹Visual evoked responses in subjects trained to control alpha rhythms.› Psychophysiology, Vol. 5 (1969), pp 683–695.

Stanford, R., and **C. Lovin,** ‹The EEG alpha rhythm and ESP performance.› Journal of the American Society for Psychical Research, (1970), p 64.

Sterman, M., ‹Effects of intrumental EEG conditioning upon sleep and seizure behavior in the cat.› Conditional Reflex, Vol. 5 (1970), p 185.

Tart, C., ed., Altered States of Consciousness. New York: Wiley, 1969.

Travis, L. E., and **J. P. Egan,** ‹Increase in the frequency of the alpha rhythm by verbal stimulation.› Journal of Experimental Psychology, Vol. 23 (1968), pp 385–393.

Ullman, M., S. Krippner, and **S. Feldstein,** ‹Experimentally induced telepathic dreams: two studies using EEG-Rem monitoring technique.› International Journal of Neuropsychiatry, Vol. 2 (1966), pp 420–437.

Vogel, W., D. Broverman, and **E. Klaiber,** ‹EEG and mental abilities.› Electroencephalography and Clinical Neurophysiology, Vol. 24 (1968), pp 166–175.

Wallace, R., ‹Physiological effects of transcendental meditation.› Science, Vol. 167 (1970), pp 1751–1754.

Walter, D., J. Rhodes, and **W. Adey,** ‹Discriminating among states of consciousness by EEG measurements. A study of four subjects.› Electroencephalography and Clinical Neurophysiology, Vol. 22 (1967), pp 2–29.

Weiner, H., ‹Current status and future prospects for research in psychosomatic medicine.› Journal of Psychiatric Research, Vol. 8 (1971), pp 479–498.

Bildnachweis

Bild 6: mit freundlicher Genehmigung von Eidetic Consultants Limited, Toronto, Canada

Bild 7: mit freundlicher Genehmigung von Neuronics Inc., Chicago, Ill., USA

Bild 8: mit freundlicher Genehmigung von Cyborg Corporation, Boston, Mass., USA

Bild 9: mit freundlicher Genehmigung von Cyborg Corporation, Boston, Mass., USA

DIE ESSENZ VON
ALAN WATTS

in 9 Bänden:

GOTT
MEDITATION
NICHTS
TOD
DIE NATUR DES MENSCHEN
ZEIT
KOSMISCHES DRAMA
PHILOSOPHISCHE FANTASIEN
EGO

je Band 72 Seiten, 30 Fotos, broschiert, DM/Fr. 12.80

SPHINX VERLAG
BASEL